高松 均［著］

しずけき祈りのなかで

――病いを授かって――

YOBEL,Inc.

聖書に学ぶ生きた信仰

月本昭男

著者の高松均さんはともに聖書を学ぶ私の敬愛する教友である。世田谷日曜聖書講座の主宰者前田護郎が一九八〇年四月に急逝されてからは、その年の秋に新たなかたちで発足した経堂聖書会において、今なお、ともに学んでいる。

経堂聖書会は三学期制（夏学期：四～七月、秋学期：九～一二月、冬学期：一～三月）をとり、日曜の集まりは讃美歌と祈りを挟んで、前講と聖書講義が語られる。高松さんはながらく各学期の最初の前講を引き受けて、ご自身の日常的な体験の多くを聖書に照らして語ってくださった。私たちは高松さんの前講から、聖書に学びつつ生き生かされることの何たるかを教えられたのである。経堂聖書会を「聖書を」学ぶだけでなく、「聖書に」学ぶ会にしてくださったのは高松さんであった。

このたび、高松さんの文章を集めた著書が刊行される。本書には、思いもよらぬ病いに苦しまれるなかで記された文章に加えて、経堂聖書会で語ってくださった前講の数々が文章化されて収められている。それらは聖書に基づくキリスト教信仰の生きた事例であり、私どもの経堂聖書会をこえて、聖書に親しむ方々の心に、わけても思わぬ病いを得られた方々の心に、深く染み入るにちがいない。そして、キリスト教自体がさまざまに問い直されるる現代において、聖書に学ぶ真摯な生き方が具体的にどのようなものでありうるのか、そのことを本書を手にとられた方はご自身の課題として考えさせられることであろう。

二〇二四年　ペンテコステを前にして

（立教大学名誉教授／上智大学名誉教授）

はじめに

聖書を学び始めて半世紀が過ぎました。

これほど長く続くとは思ってもいませんでした。振り返ってみると、浮き沈みはありましたが、何かしら聖書の周辺を彷徨《さまよ》ってきたように思います。

「あなたはクリスチャン？」

こう尋ねられると正直、答えづらい思いです。

返事は「はい」であり、「いいえ」です。

私は教会へ通わず、洗礼も受けておりません。ただ、熱心とはいえないまでも聖書を学ぶ一介のキリスト者でありたいと願ってきました。

私は学生時代、新潟から上京し、下宿生活を始めました。

聖書に接するきっかけは、大学の先輩、北沢紀史夫さんの紹介で、前田護郎先生が主宰する世田谷聖書会に参加したことに始まります。そこには後述する髙橋晴雄さん（以下、晴雄さんという）も参加しておられました。晴雄さんは自宅を二部屋ほど提供し、下宿を営んでいたのですが、たまたま一部屋空いたからとのお誘いを受け、お世話になることにしました。晴雄さんの下宿は家庭的で、食事は家族と一緒、夕食後には家庭集会があり、各自持ち回りで、聖書を一章読み、讃美歌を歌っており、私もその家庭集会に参加させていただくことにしました。

晴雄さんは一九三六年、中国天津に応召し、第二次世界大戦で日本が敗戦するとソ連の捕虜になり、四年間シベリヤ抑留を経験した方でした。帰国後は、矢内原忠雄の聖書集会に加わり、矢内原亡き後は、前田護郎先生の世田谷聖書会に通われて聖書を学んだ方でした。

聖書に疎かった私に、晴雄さんは「分からないことはそのままにして、分かったところだけ大事にしなさい」と声をかけてくれるのが口癖でした。私はその一言で肩の荷がおりました。

前田先生亡き後、聖書会はいったん解散し、ほどなく共同で聖書を学ぶ方々が集まり、経堂聖書会が発足しました。そこではそれぞれが分に応じ、聖書講義をする方や、前講として感話を述べる方々がおられました。私はそこで前講として生活感話を語る機会が与えられました。一九八一年一一月が初回で、通算すると百回を超えるまでになりました。本書は経堂聖書会で語った生活感話をもとに、書き起こしたものです。

数年前、ある友人がご主人を亡くされました。ほどなく息子さんも突然、病気で亡くなるという悲しみに出会いました。どんなにか辛い体験だったに違いありません。彼女はクリスチャンではありませんでしたが、後日、私が彼女に伝えた聖書の言葉が心に残り、慰められたと話してくれました。

「神は真実な方です。あなたがたを耐えられないような試練に遭わせることはなさらず、試練と共に、それに耐えられるよう、逃れる道をも備えていてくださいます。」

（第1コリント一〇の13）

彼女はこの言葉に、自分も耐えていかなければと思ったそうです。

聖書には日本人にも親しまれている言葉がいくつもあります。

「狭い門から入りなさい。」（マタイ七の13）

「明日のことまで思い悩むな。明日のことは明日自らが思い悩む。その日の苦労は、その日だけで十分である。」（マタイ六の34）

「一粒の麦は、地に落ちて死ななければ、一粒のままである。だが、死ねば、多くの実を結ぶ。」（ヨハネ福音書一二の24）

聖句を心に留め、分かったと思ったところを大事にしていると、そこからまた違った見方が与えられ、今まで分からなかったことが分かってきます。

苦しんだり悩んだり、何をしたらいいのか、不安になったり迷ったりしたとき、聖書の言葉から、一歩を踏み出す手がかりを得ていただければさいわいです。

【付記】

1　聖書の引用は聖書新共同訳（日本聖書協会・発行）に基づきました。ただし、一部、前田護郎訳『新約聖書』（中央公論社）から引用しています。

2　聖句の出典表記について、本文中は章・節を用い、カッコ内は章・節を省略しました。

3　聖書の書名については、旧約聖書、新約聖書は判別できる程度に略記しました。

目次

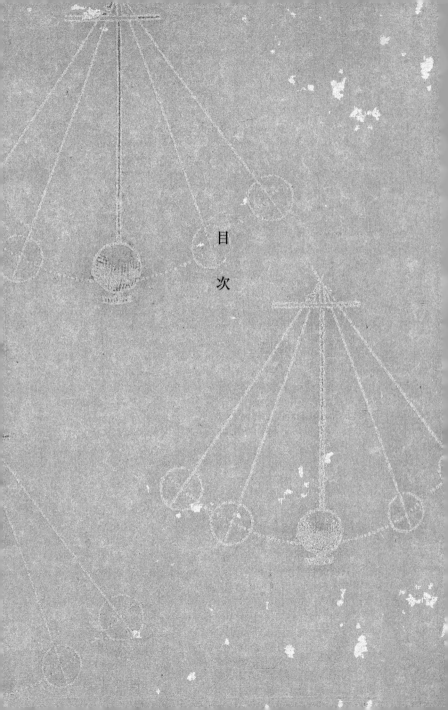

聖書に学ぶ生きた信仰　月本昭男

2　まこと　55

3　めぐみ　97

しずけき祈りのなかで

——病いを授かって

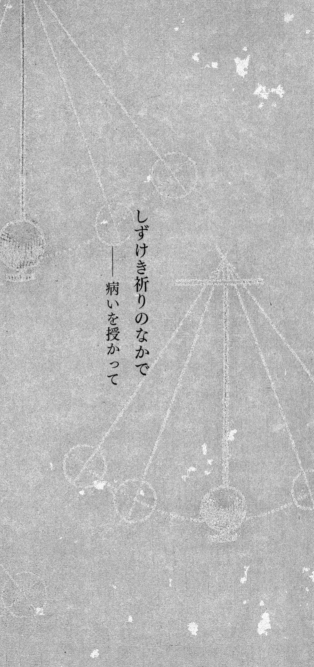

1　くるしみ

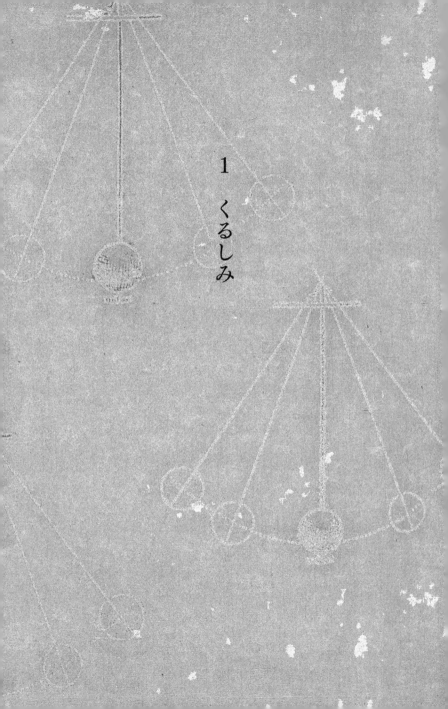

病いを授かって

目が手に向かって「お前は要らない」とは言えず、また、頭が足に向かって「お前たちは要らない」とも言えません。
（第1コリント一二の21）

二〇二一年夏、病院での診療後、手にした診療明細書に目を通すと、「廃用症候群《はいようしょうこうぐん》」という文字が目に留まりました。私は見なれない言葉に戸惑いを感じました。「廃用」とは、何と無造作な言葉でしょう。いくら何でもそれはないよ！　というのが偽らざる思いでした。

帰宅してすぐ調べてみました。「廃用症候群」の正式な定義はないようですが、健康長寿財団によると、廃用症候群とは過度に安静にすることや、活動性が低下したことによる身体に生じた様々な状態をいうそうです。病名ではなく、いろいろな病気の症状の寄せ集めの言い方とのことです。

私は三か月にわたる検査を経て、パーキンソン病と診断されました。しかも、廃用症候群の代表的疾患の一つにパーキンソン病が位置付けられていることも知りました。

私にとって、この「廃用」という言葉はショックでした。単に体の一部に障がいがあるというにとどまらず、何か自分自身が役に立たないように思える言葉に聞こえたのです。パウロは第1コリント書一二章20〜22節で触れているように、体は一つで、目が手に向かって要らないとか、頭が足に向かって要らないとは言えず、むしろ体の部分でより弱いと思われるものが大切だと述べています。単に廃用というのではなく、もっと患者に寄り添った別の言い方はないものかと思いました。

実はもう一つショックなことがありました。担当医に「この病気はどうすれば治りますか?」と尋ねたところ、その医師は極めてはっきりと「この病気は治りません。治すのではなく、これ以上、悪化するのを遅らせるための治療になります」と明言されたのです。これも私にはこたえました。

「健康な人には病気になる心配があるが、病人には恢復するという楽しみがある。瀕死を自覚した病人が万一なおったらという楽しみほど深刻な強烈な楽しみがこの世にまたとあろうとは思われない。」

（寺田寅彦「KからQまで」青空文庫、底本は『寺田寅彦全集　第七巻』岩波書店）

これは物理学者で、随筆家でもあった寺田寅彦の言葉ですが、この言葉に一縷《いちる》の望みをもって闘病生活と向き合おうとしていただけに、医師の率直かつ明快な言葉を耳にして、現実の厳しさに直面した思いがしました。

こうして、パーキンソン病との生活が始まりました。しばらくしてある友人からメールが届きました。そこには、それぞれが授かった病について語り合いましょうと書かれてあり、私は目が覚める思いがしました。

それまでの私は「病気にかかった」とか、「病に襲われた」といった、いわば被害者意識が強いことに気づかされたのです。病を授かるといった意識などはありませんでした。しかし、友人からのメールをきっかけに、あらためて自分を見つめ直す機会を与えられた思いがしました。

内村鑑三は『キリスト信徒のなぐさめ』（岩波文庫）のなかで、「不治の病にかかりし時」という一章を残しています。そこで、次のように述べています。

「不治の病にかかりし時の失望は二つなり。すなわち、われは再び回復しあたわざるべしと。また、われは今は廃人なれば、世に用なき者となれり。」

こう指摘したうえで、章の最後を次のように結びます。

「不治の病、恐るるに足らず。回復の望みなお存するあり。これに耐うるの慰めと快楽とあり。生命にまさる宝と希望とをなんじの有するあり。また病中の天職あるなり。なんじは絶望すべきにあらざるなり。」

内村は廃人と記してはいますが、文章全体からは言葉を超えた慰めと励ましが伝わってきました。

力は弱さの中でこそ

わたしの恵みはあなたに十分である。
力は弱さの中でこそ十分に発揮されるのだ。
（第2コリント 一二の9）

最近、やれ勝ち組だ、負け組だという風潮があり、弱い者が切り捨てられる格差社会が問題になっております。しかもいろいろな言葉に「力」をつける傾向が強く、物忘れが強くなると老人力がついたとか、あるいは家事力、育児力等々、〇〇力の氾濫には閉口します。こうした根底には、強さへの依存と、逆に弱さを過小評価する傾向がみられます。

ニューヨーク・リハビリテーション研究所の壁には、作者は不詳ですが、「病者の祈り」の言葉が刻まれています。

大事をなそうとして　力を与えてほしいと神に求めたのに

慎み深く従順であるようにと　弱さを授かった
より偉大なことができるように　健康を求めたのに
よりよきことができるようにと　病弱を与えられた
幸せになろうとして　富を求めたのに
賢明であるようにと　貧困を授かった
世の人々の賞賛を得ようとして　権力を求めたのに
神の前にひざまずくようにと　弱さを授かった
人生を享楽しようと　あらゆるものを求めたのに
あらゆるものを喜べるようにと　生命を授かった
求めたものは一つとして与えられなかったが
願いはすべて聞き届けられた
神の意にそわぬ者であるにもかかわらず
心の中の言い表せない祈りはすべてかなえられた
わたしはあらゆる人の中でもっとも豊かに祝福されたのだ
（日野原重明『私が経験した魂のストーリー』キリスト教視聴覚センターより）

私はこの詩に慰めと励ましを感じます。弱さを認め、それを受け入れ、弱さをさらけ出すことでかえって強さを引き出すことがあるのではないでしょうか。

私はそうした一人にパウロを想い起こします。パウロ自身、病に悩み、それをトゲと呼び、サタンの使いとも呼んで、その痛みには相当苦しんだようです。病を取り去ってくれるように主なる神に三回祈ったと述懐しています。これに対し、主なる神は、「わたしの恵みはあなたに十分である。力は弱さの中でこそ十分に発揮されるのだ」と言われ、パウロもそれに呼応するかのように、「キリストの力がわたしの内に宿るように、むしろ大いに喜んで自分の弱さを誇りましょう」と自らの態度を鮮明にし、「わたしは弱いときにこそ強い」という境地を見出すに至ったと記しています（第2コリント一二の7〜10）。

私たちはおうおうにして弱さをではなく、強さを求めます。弱さは克服すべきものと思いがちです。しかし、私は強くあれと叱咤激励されるより、むしろ弱くてもよろしい、という言葉に慰めとともに力を感じます。

私はこれまで、パウロに対しては強いイメージをもっておりました。事実、彼は名門の家に生まれ、律法についてはファリサイ人、熱心においては迫害者、律法に関する義については落ち度なしと言い切るほど、当時のエリートの中のエリートといえる人物でした。しかし、そうしたパウロですが、当初はキリスト教徒を迫害していた人物でした。そのパウロが迫害の途中、ダマスコの街にさしかかったとき、疲れもあったのでしょう、地に倒れてしまいました。そのとき聞こえた言葉が「なぜ、わたしを迫害するのか」というイエスの声でした。

「起き上がれ。自分の足で立て」、まさに瀕死の状態にあったパウロに声をかけてきたのは、自分が迫害しようとしてきたイエスその人だったのです。それまで自分は強いと自負してきたパウロにとって、イエスとの出会いは、弱さのどん底にあったときの出会いだったのです。その出会いこそが、弱さを誇ることと深く関係しているのではないでしょうか。

しかし、あらためて考えますに、本来、弱さを誇る人がいるでしょうか。また、弱さは誇れるものでしょうか。パウロを動かしたものは何かと考えますと、おそらくパウロは、十字架につかれたイエスの恥辱の姿に真の神の姿を見たのではないでしょうか。本来、誇ることなどできない弱さの中にこそ真の力が現れるということに、パウロはイエスを通じて気づいたのではないでしょうか。私はそこに弱さを通じたふたりの出会いがあったと思えたのです。

パウロが出会ったイエスという方は、自らは最も弱い姿で十字架につかれた方でした。その方が復活した姿で、地に倒れたパウロに「自分の足で立ちなさい」と声をかけてくれたのです。私は弱さの中に強さが潜んでいるように思いました。

罪のままでよろしい

知らずに犯した過ち、隠れた罪から
どうかわたしを清めてください。
（詩編一九の13）

私が勤務する職場である問題が発生し、先が見えず、行き詰まりを感じていたころでした。解決を急げば急ぐほど、それが頭から離れない日が続きました。幸いにも妻と祈りの時をもつことができ、自らの不信仰に気づかされ、罪を意識しました。

そうしたとき、押田成人という哲学者の一文（朝日新聞夕刊一九八三年七月二六日）が目に留まりました。それは、「本当の言葉とは何か」というテーマで、言葉が心に響かねば本当の言葉とはいえないことを、盗癖のある子を例にして考えさせるものでした。

少年刑務所の面会室では、親たちが「みんな迷惑したんだぞ。もう二度と、こんなことするんじゃないぞ」と、その子を叱責するそうです。親たちはただ言葉で納得させせようとして、その子が生まれ育ってきた環境や、自分たちの情緒不安定を顧みようとはしないで、ただ言葉で納得させようとしました。実は、その子には盗癖がありました。そこへ新しい母親がきて、身寄りのないその子を引き受けました。

「母は子に言った。『そうだよね。盗みたくなるんだよね。だから、盗んでいらっしゃい！だけどね、お母さんにだけは言うんだよ！』子供は、そのたびにお母さんに報告した。お母さんは、そのたびに盗んできたものを返しに行った。やがて子供は、盗む必要がなくなったのである。大事なのは、世間体じゃない。この子なんだ。このお母さんには、もう、小さな自分など、どこかに遠く消えていたのである。そして、新しい地平が広がっていた。『盗んでいらっしゃい』。これは、一般化出来る言葉ではない。その母と、その子、その間のそのときだけのことばなのだ。……そしてそれだけが、本当のことば、なのである。」

私はこの母と子のやり取り、そして結果として、その子が盗む必要がなくなった、という記事を読み、神様と私たちの関係に映し合わせてみました。私たちはこの盗癖の子のように、神様の目を盗んで罪を重ね、そこから逃れることができず、みじめな状態にあったとき、神様の側から一方的に、「そうだよね、罪をおかしたくなるんだよね。そのときは、神様にだけはちゃんと言うんだよ」と言われているような気がしました。

私は聖書を学び始めたころは、信仰を学ぶことで罪をおかさなくなると思っていました。しかし、年とともにしがらみが付着し、かえって罪が増し加わり、不信仰を感じ、愕然としました。パウロは、

「わたしの五体にはもう一つの法則があって心の法則と戦い、わたしを、五体の内にある罪の法則のとりこにしているのが分かります。わたしはなんと惨めな人間なのでしょう。」（ローマ七の23～24）

と述べていますが、このような心からの叫びは、私にも同じように意識されるものでした。

人は日ごとのなかで、罪に悩み、苦しみつつも、できれば罪から遠くにいたいと願うものです。聖書に「信仰のないわたしをお助けください」（マルコ九の24）とありますが、こ

れは人として率直な祈りではないでしょうか。そして、
「知らずに犯した過《あやま》ち、隠れた罪からどうかわたしを清めてください。」（詩編一九の13）
と祈りつつ生かされたいと願うものです。

罪をおかしやすい人間にとって、「罪をおかすな」という禁止の律法では、どうにもならないことに遭遇します。先ほどの母と子の対話にあったように、「罪のままでよろしい」という一般化しにくい声を耳にしたとき、罪なくして十字架についてくださった苦難のイエスに接することができ、慰めと励ましが与えられるように思います。

苦難のはざまから

苦難のはざまから主を呼び求めると
主は答えてわたしを解き放たれた。
（詩編一一八の5）

私は前田護郎先生が召されるまで一二年間ほど、日曜聖書講座で先生から聖書を学ぶ機会が与えられました。十代後半の多感な時期に学生運動を体験し、古希を過ぎた今、聖書を学びつつ歩むことができたことへの感謝は尽きません。必ずしも順風平坦な道のりではありませんでしたが、それがかえって福音信仰から離れずにこられたように思います。

前田先生のご生涯を振り返るとき、若き日にヨーロッパに留学され、激戦がつづく第二次世界大戦をはさんだ厳しいなかで学究生活を過ごされたことが、大きなエポックになったと思われます。先生はその一端を『世界の名著　聖書』（中央公論社）の冒頭、「聖書の思想と歴史」の中の「聖書との出会い」で次のように記しています。

「ヨーロッパに着いてから最初の学期を迎え、これから本式の勉強とはりきっていたときに母の訃に接しましたが、聖書に記されている復活を信じうる恩恵によって支えられたことは本当に不思議なことでした。それから一年して第二次世界大戦がはじまり、事態は悪化して空襲や栄養失調に悩まされ、日本に帰ることもできないまま、父や兄や妹が次々と亡くなりましたが、やはり大きな愛の手に導かれることができました。異境にただひとりいまして戦争による困難にあい、それに身うちのものがだんだんになくなってゆきましても、さびしさに堪えられないと思ったことはありませんでした。聖書を読み、そこに『さいわい』のありかを示される人は世界のどこにもあります。」

私はあらためて福音の力強さを感じました。前田先生というと、えてして学究肌のイメージが強く残りますが、さにあらず、若き日にこうした苦難を経ながら学究の世界を歩まれたことに注目したいと思います。

先生はこうした苦難を経て、一九五〇年秋、帰国の途につき、「美しい大和島根の同胞とともに母国語で聖書を学びたい」(『聖書愛読』創刊号)との強い希望を実践されたのです。人をして、「新しい学問が旧い単純な信仰をおおっている」と言わしめ、さらに「異邦の中での正統信仰」と言わしめた先生の聖書解釈は、今もって私たちの学びに生き続けているように思います。

その先生は生前、約二十年をかけて新約聖書の翻訳に心血を注がれました。実にご生涯の三分の一に及ぶ大事業でした。その翻訳はギリシャ語に忠実であることを基本に、特に簡潔さを求められたのです。しかも聖書本文の理解を助けるべく、必要最小限の簡潔な注釈にも意を尽くされました。私は、前田先生が新約聖書を訳すにあたり残された注釈から、苦難や苦しみについてその一端を学び、驚きを覚えたのです。

フィリピ書の注釈には苦難について、三か所にコメントが残されています。一章4節は「皆さんのために祈るたびに、いつもわたしはよろこびをもって祈ります」(以下、フィリピ書の訳は前田護郎訳)とあり、注釈は「苦しみの中のよろこびはこの手紙の基本線」とあります。

また、一章23節は「わたしはふたつの間にはさまれています。欲をいえば、おさらばをしてキリストとともにあることです」とあり、注釈には「死の讃美ではなく、信仰ゆえの苦しみにあるもののいつわらぬ願いである。しかし、同じ信仰の友への愛によってこの世に引きとめられ、ともにキリストのごとくなる希望に生きる」とのコメントを残しています。

さらに、一章29節は「あなた方にキリストのためにということが恵まれていますが、それはただ彼を信じることばかりでなく、また彼のために苦しむこともです」と訳していますが、その注釈には「信仰と苦難とがともに恩恵として与えられている。フィリピ書一章7節の『恵み』と同四章14節の『苦しみ』とが結びつく」とのコメントを残しています。

私はこれまで、フィリピ書はよろこびの書簡と教わってきました。しかし、私は前田訳を学んで、パウロのよろこびの源泉には苦しみがあることに気づきました。

人がなぜ苦しむかというと、結局、自分が弱いからだということになります。前田先生はそのうえで、

「ナザレのイエスが苦難の十字架についてくださったことが、すべてを解決してくれま

す。彼は、苦しみが罪による苦しみでも罪あるまま救われる、苦しんでもよいという新しい福音をもたらした救い主です。」（『聖書愛読』一九七六年五月号）と述べておられます。苦しんでもよいということは、苦しむ者にとって大きな慰めになるに違いありません。

苦しみと感謝

神は真実な方です。あなたがたを耐えられないような試練に遭わせることはなさらず、試練と共に、それに耐えられるよう、逃れる道をも備えていてくださいます。（第1コリント一〇の13）

経堂聖書会に連なり共に学ぶことができ、さらに、生活感話を重ねることができたことへの感謝は尽きません。

私はしばらくの間、介護に明け暮れる日が続きました。介護は百人百通りともいわれます。私の場合、四五〇キロメートル離れた実家との遠距離介護、しかも義母を含め三人の老親の多重介護、また介護する私ども夫婦も前期高齢者で老々介護、と難しさが重なってしまいました。

何とか在宅介護を続けてきましたが、母の入院を機にそれを諦め、施設介護を模索しました。ところがいざ申し込むと、特別養護老人ホームやグループ・ホームはいずれも満床の状況でした。先の見えない状況に心が暗くなるばかりでした。私ども夫婦にとって今は試練の時、そう言い聞かせながらの日々が続きました。

その矢先、父が亡くなりました。そして、葬儀を終えた直後でした。入院していた病院に隣接するグループ・ホームから、父が亡くなった日に空きができ、もし希望するなら優先的に入所させてもよいとの打診がありました。

私にとっては、足前数歩に光の思いでした。同時に聖書の言葉がいくつか浮かんでまいりました。

「苦難のはざまから主を呼び求めると　主は答えてわたしを解き放たれた。」

（詩編一一八の5）

「苦難は忍耐を、忍耐は練達を、練達は希望を生むということを。」（ローマ五の3〜4）

いずれも有名な聖句です。弱いがゆえに苦しむものにとって、自分の力に頼るのではなく、まずは神を呼び求め、神に祈ることが大事との詩編の言葉や、弱いがゆえに苦しみに遭遇したとしても、それが決して終わりでなく、その先に希望があるのだというローマ書におけるパウロの言葉に慰められました。

さらにパウロは第1コリント書一〇章13節で、

「神は真実な方です。あなたがたを耐えられないような試練に遭わせることはなさらず、試練と共に、それに耐えられるよう、逃れる道をも備えていてくださいます。」

と語っており、この聖句は特に慰めとなりました。

先行きの見通しが立たない、いわば予期不安のなかで、父が亡くなった折り、希望した介護施設に空きができ、施設責任者から入所の打診があったときは、私には「逃れの道」のようにも思えたのでした。

このことを通じて、あらためて苦しみと感謝について、『ヒルティ著作集3 幸福論Ⅲ』(白水社)の「四 苦難をとおしての勇気」から学ばせていただきました。心に残るヒルティの言葉を紹介しますと、

「世の中には、なぜこんなにも多くの苦しみがあるのか。そしてほんとうにこの地上は、そこに住む大多数の人々にとって、喜びと清純な楽しみの場所ではなくて、むしろ涙の谷であるように出来ているのであろうか。」

「苦難は人生の不可欠な部分であり、すべての人生はそれによって始まり、それによって終る。そしてたいていの人生は、ほとんど絶え間なく苦難に満たされている。」

「苦しみの絶頂は、神の意志への帰順の場所である。」

「神とともにあって苦しむことは、神なしに生き、まして苦しむことよりもさらにまさった運命であることを、いつもはっきりと自覚していなければならない。」

「人間が大きな進歩をするための道は、いつも苦しみによって開かれなければならない。」

パウロは苦難に遭ったとき、この苦しみを取り除いてくださいと三度、主に願ったそうです。これに対し、主が返された言葉は「わたしの恵みはあなたに十分である。力は弱さの中でこそ十分に発揮されるのだ」と第2コリント書一二章は記しています。これもすごい言葉だと思います。おそらく聖書は苦しみを不幸だとは教えていないのではないでしょうか。むしろヒルティが語るように、苦しみこそ神への帰順の場所であり、感謝すべき道連れである、聖書はこのことを伝えているのではないでしょうか。

このため、この時にこそ

このため、この時にこそわたしは来たのです。
（ヨハネ福音書一二の27）前田護郎訳

第二次世界大戦中、ナチスによるアウシュビッツの強制収容所での体験をもつビクトール・フランクルは、『それでも人生にイエスと言う』（春秋社）の中で、次のように話しています。

「ぜひ思い浮かべてみてください。あなたは、コンサートホールにすわって、大好きなシンフォニーに耳を傾けているとします。そして、いままさに、このシンフォニーの大好きな小節が耳に響きわたっているところです。……その瞬間にだれかがあなたに『人生には意味があるでしょうか』とたずねるのです。そのときたった一つの答えしかありえない、それは『この瞬間のためだけにこれまで生きてきたのだとしても、それだけの甲斐がありましたよ』といった答えだと私が主張しても、みなさんは反対されないと思います。」

第二次世界大戦が勃発し、ナチス・ドイツがオーストリアを併合すると、フランクルがユダヤ人であることのみで、奥さんや子供、さらに両親を含めて一家が捕らえられ、強制労働の名目でアウシュビッツに送られます。そして家族は収容所内で餓死または毒ガスによって死亡し、フランクルだけが強制労働と栄養失調に耐え、奇跡的にウィーンに生還するのです。ここに引用したフランクルの言葉は、生還の翌年に行った講演の一節だけに、その一語一語に重さを感じます。

ところで、イエスも「このため、この時にこそわたしは来たのです」（ヨハネ福音書一二の27、前田護郎訳）と語っています。イスラエル人のエジプト脱出を記念する春の祭りである過越《すぎこし》の祭りが近づくなか、十字架を目指し、エルサレム入りをした直後のことでした。しかし、また、イエスは「このため、この時にこそ」と言われた直前に、「今、わたしは心騒ぐ。何と言おうか。『父よ、わたしを、この時から救い出してください』と言おうか」とも言っています。私には正直、驚きでした。イエスにして心は二つに揺れ動き、苦しい限りの心情を吐露しています。そうした状態のときに、自らなすべきことについてぎりぎりの神への問いかけをなされたのです。「このため、この時にこそ」は、私には決して勇ましい言葉とは思えません。むしろイエスにとっては、できれば死を避けることができるように祈りつつも、み心のままにと祈る、こうした心が揺れ動くなかでの祈りに思えました。

一五二一年四月、マルティン・ルターはドイツ議会に召喚され、二日にわたり審問を受けました。ローマ法王庁がルター破門を神聖ローマ帝国のカール五世に要求したことに伴い、皇帝がルターに対し、議会へ召喚命令を発したことによるものでした。

矢内原忠雄の『続 余の尊敬する人物』（岩波新書）によりますと、

「皇帝以下諸侯や自由都市の代表者、並びに法王庁の使節等が綺羅星の如く居並ぶ前に呼び出されました。見れば、テーブルの上には彼［ルター］の著書が二十種並べてあります。裁判官は彼を訊問して言いました。『これらの書は皆、其方の著書であるか。もしそうならば、その書きしところをなお固執するか。或いはその一部又は全部を撤回するか、どうじゃ。』」

と迫ります。これに対しルターは、全て自分の著述であることは認め、

「撤回する事については、信仰並びに心霊上の重大問題であるから、暫く時間の猶予をしてもらいたい。」

と願うのですが、その声は弱々しく低くあったと記されております。協議の結果、二四時間の猶予が与えられ、翌日、再び皇帝の前に出たルターは、二時間にわたり所信を披瀝し、演説の結びに次のように話したそうです。

「私の良心は神の言葉によって縛られています。私は撤回する事が出来ません。又撤回しようと思いません。」

「私はここに立っています。それ以外にはあり得ません。神よ、私を助け給え。」

と答えたのです。これはまさにルターにとって、「このため、この時にこそ」の瞬間ではなかったでしょうか。

こうしてみてきますと、それぞれの時と所に「このため、この時にこそ」があるように思います。そこには派手さや勇ましさは感じませんが、緊迫感が伝わってまいります。私はあらためて弱き者の目線から「このため、この時にこそ」と叫んだことの意味を学んでゆきたく思いました。

もうそれでよい

そこでイエスは、「やめなさい。もうそれでよい」と言い、その耳に触れていやされた。
（ルカ二二の51）

ルカ福音書二二章には、イエスがゲッセマネでの苦しい祈りを終え、いよいよ逮捕されようとする場面で、一人の弟子がイエスを捕えに来た大祭司の僕《しもべ》に切りつけ、その右の耳を切り落としたとあります。イエスは「やめなさい。もうそれでよい」と言って、耳に触れて癒されました（ルカ二二の47〜51）。私は「もうそれでよい」という言葉が印象に残りました。

確かに平和を重んじるイエスにとって、弟子がやむにやまれずにしたこととはいえ、こうした行為は許されるものではありません。しかしながら、この緊迫した状況を想い起こしてみてください。群集や軍隊に取り囲まれ、弟子が咄嗟に敵に切りつけた段階で、イエスが「やめなさい。もうそれでよい」と言ったのです。身内の軽はずみな行動だったことでしょう。しかし、ことを荒立てるのではなく、「もうそれでよい」と静止したイエスの一言は、この後に続く十字架への道を鮮明にした一言のように思いました。

「もうそれでよい」、私はこの言葉を現代の世界の指導者に伝えたいと思います。今も世界各地で戦争や紛争が絶えません。憎悪や怒りを人間から取り去ることができないものかと思います。しかし一方では、たとえ、こうした戦争や憎しみが避けられないまま始まったとしても、イエスが発したごとく、世界の指導者から、最初の一撃をもって「もうそれでよい」という一言が発せられたら、と願わずにおれません。人間のことですから、最初はつい感情のおもむくままということがあるかもしれません。しかしながら、最初の一撃をもって「もうそれでよい」としたイエスの言葉は、現実味のある、示唆に富む言葉と言えるのではないでしょうか。

ところで、「もうそれでよい」に触れて、私がもっとも感銘を受けた文章は、キリスト教無教会主義の伝道者である塚本虎二の『塚本虎二著作集第七巻　イエス伝研究』(聖書知識

社）の解説（第一九二講）でした。弟子の暴力行為になぜイエスは弟子たちを叱責されなかったかについて、

「かかる神聖な場面で芝居がかった訓戒をするほどに、〔イエスは〕『熱心な』教育家ではなかったらしい。彼はただそれを押し止めて、静かに耳を癒されたのであった。そしてある人が言うように、『耳を医し給うたことは数百言に優って無抵抗を教えた』のである。

もし憶測が許されるならば、その時のイエスの心は、剣を抜いて敵に斬り込んで行った忠実な勇敢な一人の弟子を何とはなしに微笑《ほほえ》ましく頼もしく感じられたのではあるまいか。イエスは無抵抗主義の機械ではないからである。わたし達は『まあそのくらいにしておけ』という言に無限の意味を見出す者である。この一言の中に福音の全精神がこもるとさえ感ずる。」

と解説しています。さらに、

「剣を抜いて耳を切ったことはもちろん誤っている。誤ってはいるが愛すべき誤りであるとわたしは思う。羊の剥製のような現代クリスチャンからは非難されるか知れないが、自分の先生が敵に捕えられようとする時、弟子にこのくらいなクリスチャンらしくない

蛮勇があってもよさそうに思うのは誤っているであろうか。」
とありまして、このコメントも塚本先生でなくては言えないものだと思いました。

こうして見てきまして、私はあらためて考えさせられたことがあります。それは、こうした厳しい状況にあって「もうそれでよい」と叫ぶ基本に一体何があるのだろうかということです。私はあれこれ考えながらローマ書を想い起こしました。ローマ書一二章19節には、「愛する人たち、自分で復讐せず、神の怒りに任せなさい」とあります。私はここにヒントがあるように思います。罪が人間の本質であるように、怒ることはまた、人には避けられないことかもしれません。しかしながら、たとえ戦争や憎しみが避けられないままに始まったとしても、相手に一撃を加えたあとであっても、イエスが発したように、「もうそれでよい」(ルカ二二の51)、「剣《つるぎ》をさやに納めなさい。剣を取る者は皆、剣で滅びる」(マタイ二六の52)、このことを心に刻んでほしいと願っています。

新型コロナは戦争でない

わたしの恵みはあなたに十分である。
力は弱さの中でこそ十分に発揮されるのだ。
（第２コリント一二の９）

新型コロナ・ウイルスが感染拡大しているさなか、その対応にあたる世界のリーダーから「戦争」という言葉を耳にし、違和感を覚えました。米国のトランプ大統領は自らを「戦時大統領」と呼び、フランスのマクロン大統領は「我々は戦争状態にある」と述べていました。くわえて中国の習近平国家主席は感染拡大を「人民戦争」と称するなど、新型コロナ・ウイルスを戦争にたとえて危機感をあおり、不安を増長しているように思えたのです。

一方、こうしたなかで、ドイツのシュタインマイヤー大統領は、この感染症の世界的拡大は戦争ではない、と言いきっていたのが心に残っています。大統領は「私たちは分岐点に立っている」と、テレビ演説を通して次のように述べていました。

「そうです。この感染症の世界的拡大は、戦争ではないのです。国と国が戦っているわけでも、兵士と兵士が戦っているわけでもないのです。現下の事態は、私たちの人間性を試しているのです。」（ドイツ連邦共和国大使館・総領事館ホームページ）

シュタインマイヤー大統領はこのように述べ、近隣諸国が力強く回復しなければ自らも力強く回復することができないと強調し、危機感を煽るのではなく、「連帯」を訴えました。

「連帯。確かに高尚に響く言葉です。しかし、今誰しもが、まさに自分のこととして、人間の存在に関わるような形でこの言葉の意味するところを経験してはいないでしょうか。自分自身の行動が、他の人の命を左右しているのです。」（同前）

互いに協力して事態を克服する道を探るのか、あるいは戦時として孤立化する道を選ぶのか、と問いながら連帯の必要性を訴えていた大統領の言葉が印象的でした。

同じころ、月本昭男さんからドイツのメルケル首相のコロナ演説文が送られてきました。

そこで語られた首相の言葉は、私には新鮮でした。「これからどうなるのか、疑問や心配事でいっぱいです」との飾らない言葉で、市民と同じ目線で語っています。感染者や死者の数については、

「これは数字だけの話ではありません。おとうさんであり、おじいさんであり、お母さんであり、おばあさんであり、パートナーであり、要するに生きた人たちの話です。そして私たちはどの命もどの人も重要とする共同体です。」

と述べていました。

私も心配。どのいのちも、どの人も大事。メルケル首相のこうした人として弱さを隠さない、同じ立場に立って語りかけようとする言葉に、リーダーとしての信頼を見る思いがしました。

私は弱さを隠さないリーダーこそ強さを持っていると思うとともに、

「力は弱さの中でこそ十分に発揮されるのだ。」（第2コリント一二の9）

というパウロの言葉を想い起こしました。キリストの力は、我々の弱いところに働いて我々を強くしてくださる。弱さを通じて強くしてくださる。それゆえ弱さを誇りましょう。

パウロは自らの体験を踏まえて、弱い時にこそ強いという境地を披歴しています。

新型コロナは戦争の問題ではない。むしろ人間性の問題であり、さらには人間の弱さの問題であり、連帯の問題である。私はこう述べたリーダーに、強さを感じました。

重い荷物

疲れた者、重荷を負う者は、
だれでもわたしのもとに来なさい。
休ませてあげよう。（マタイ一一の28）

私は赤信号で停車中、突然、後続車に追突され、結果的に三台の玉突き事故に遭遇したことがあります。幸い大事には至りませんでしたが、もしもの事故で、妻や家族の重荷になっていたかもしれない出来事でした。

後に友人から「結構、皆さんすれすれのところで生きているんですね」と言われ、あらためて考えさせられました。今のご時世、普通に生活していても、思わぬ事故に巻き込まれる危険が多いのではないでしょうか。

私はアメリカ合衆国で二〇〇一年に起きた9・11同時多発テロ事件を思いました。理不尽なテロによって、突然、九千人を超える人々が亡くなりました。その結果、家族や友人など多くの人が悲しみの重荷を負わされ、今もその後の人生を歩んでいるのです。

重荷といっても人さまざまです。病気や事故、家庭や職場での悩み、苦しみ、また、経済問題等々。何が重荷かは、それこそ人により千差万別です。

重荷についてイエスは、マタイ福音書一一章28節で、

「疲れた者、重荷を負う者は、だれでもわたしのもとに来なさい。休ませてあげよう。」

と言い、30節では、

「わたしの軛《くびき》は負いやすく、わたしの荷は軽いからである。」

と伝えています。

私はこの言葉を、イエスのもとではいったん自分の重荷は下ろして構わない、そして休んだうえで、イエスの軽い荷を負いなさいという意味にとらえました。そして、自分なりに小さな発見をした思いがしたのです。

ところで、軛とは牛や馬の首にかける器具で、通常二頭の家畜を並べて働かせるものです。とすると、もし重荷に苦しむとき、自分一人でなく、二頭の家畜のように、自分の横にもう一人、軛を負ってくださる方がいたら、しかもその方がイエスであったなら、など

と連想してみました。

イエスが十字架にかけられたとき、その光景を目の前にして人々は動揺します。弟子のペテロは、イエスを知らないと三度も虚言（マタイ二六の75）し、また、祭司長や律法学者たちは、「他人は救ったのに、自分は救えない。イスラエルの王だ。今すぐ十字架から降りるがいい。そうすれば、信じてやろう」（マタイ二七の42）と侮辱し、さらに十字架上でイエスの横にいた犯罪人の一人までもが、「お前はメシアではないか。自分自身と我々を救ってみろ」（ルカ二三の39）とののしります。イエスはこうしたなかで、「エリ、エリ、レマ、サバクタニ（わが神、わが神、なぜわたしをお見捨てになったのですか）」（マタイ二七の46）と叫ばれたのです。人の一生にとって抜き差しならない重い荷物のことを思いました。

年を重ねるとともに、負いきれない重い荷物を負わされるといった経験をすることがあります。そうしたとき、横にイエスがいらして、疲れた者、重荷を負う者は私のところに来て、重い荷を下ろしてよろしい、休んでよろしい、私の荷は軽いから、と言ってくださるとしたらどんなに安心なことかと思います。


徳川家康の有名な言葉があります。家康が将軍職を辞すときに言った遺訓《いくん》と伝えられています。

「人の一生は重き荷を負うて、遠き道を行くがごとし。急ぐべからず。不自由を常と思えば不足なし。」

人の一生を形容するに、的を射た言葉だと思います。イエスの言葉を家康流に言うと、「人の一生は重き荷を負うて、遠き道を行くがごとし。されど重荷を負うものはその荷を下ろしてわれに来たれ。われ汝らを休ません。わが軛はやさしく、わが荷は軽いから」ということになるでしょうか。

私はひと休みが大好きです。妻からは休みすぎよと言われたり、ひと休みすることで人から二歩も三歩も遅れたりしたこともありますが、結果として恵まれた人生を送ることができた、と感謝しております。

信仰は必ずしも重荷を軽くしてくれる特効薬ではありません。その荷が確実に軽くなるとは限りません。しかし、その荷が軽くならなかったとしても、イエスと軛を共にすることができれば、また新たな希望が湧いてくるのではないでしょうか。

2　まこと

荒れ野の四〇年

あなたはエジプトで奴隷であったが、あなたの神、
主が救い出してくださったことを
思い起こしなさい。（申命二四の18）

「荒れ野の40年」は、当時、西ドイツ大統領だったワイツゼッカー氏が一九八五年五月八日、ドイツ敗戦四〇周年にあたり、現職の大統領として西ドイツ連邦議会で行った演説です。西ドイツで大きな反響を呼んだだけでなく国外からの評価も高く、イスラエルのヘルツォーク大統領は当時この演説を「現代の最も印象的なドキュメント」と賞賛したそうです。この演説は日本でも、岩波書店から『荒れ野の40年 —— ワイツゼッカー大統領演説』として出版されています。

ワイツゼッカー氏は戦後四〇年の意味するところを、人類の歴史と照らし合わせ、旧約聖書を引用しながら、具体的に説きあかしております。演説では「過去に目を閉ざすもの

は結局のところ現在にも盲目となる」とし、過去を忘れないことこそ人類の和解の前提であると説くなど、至るところにキリスト教信仰が見られます。

演説の冒頭で、ワイツゼッカー氏はドイツの敗戦記念日五月八日に触れ、われわれにとっての五月八日は、何よりもまず人々が嘗《な》めた辛酸《しんさん》を心に刻む日であって、祝賀すべき日ではないと語りかけます。

「心に刻む日」という言葉は、旧約聖書の重要なキーワードの一つです。旧約聖書には、

「あなたはエジプトで奴隷であったが、あなたの神、主が救い出してくださったことを思い起こしなさい。」（申命二四の18）

とあります。困難で苦しかった時代に、何か人には分からない形で力が働き、道が開けた、その神の御業《みわざ》を記憶し、思い起こして神への感謝としようという意味です。

続いて大統領は心に刻むべきことを具体的に並べます。

ナチスの強制収容所で命を奪われた六百万人のユダヤ人をはじめ、人質や国内外のレジスタンスの犠牲者、非人間的な苦悩に追い込まれた弱者たち。さらに、こうしたなかで重荷を負い続けた女性たちの苦悩に言及し、権力の迫害におびやかされ、しいたげられた弱

者を哀しみのうちに思い浮かべて、「心に刻むというのは、ある出来事が自らの内面の一部となるよう、これを誠実かつ純粋に思い浮かべることであります」と述べています。

モーセはエジプトを脱出し、乳と蜜の流れる地カナンに入るまでの四〇年間、荒れ野に留まらざるをえませんでした。しかし、「この四十年の間、あなたの神、主はあなたと共におられたので、あなたは何一つ不足しなかった」（申命二の7）のです。

ワイツゼッカー氏は、人間の一生や民族の運命にあって、四〇年という歳月は大きな意味を果たしており、「信仰の如何にかかわりなく、あらゆる人間に深い洞察を与えてくれるのが旧約聖書であり、ここでは四〇年という年月が本質的に役割を演じている」と話を進めます。

イスラエルの民が、約束の地に入って新しい歴史の段階を迎えるまでの四〇年間、荒れ野に留まったことに触れ、「暗い時代が終わり、新しく明るい未来への見通しが開けるのか、あるいは忘れることの危険、その結果に対する警告であるかは別として、四〇年の歳月は人間の意識に重大な影響を及ぼしているのであります」と述べます。

私は、三〇年でもなく五〇年でもない、四〇年という一時代のもつ意味を、これほど鮮明に示したものに、いままで接したことはありませんでした。

平和の問題は、単に一政治家の発言で決まるものではありません。しかし、平和についで徹底した態度がとれる指導者をもつ国は、何と幸せな国かと思います。平和を考えるとき、根本には聖書の信仰が生きてくると思います。

英文学者で聖書の研究もされている新井明さんから、歴史を俯瞰すると、真の力はその時代の中心より、その周辺にある荒れ野（辺境）で発揮される、と伺ったことがあります。「辺境（荒れ野）を行くからこそ、かえって恵みに出会う。辺境を旅することは、『中央』での伝統とか、干渉に染まらぬ純な生き方を生んでいく。その一途な生き方と思想が、崩れ行く『中央』を救う力の原動力となっていく」といった趣旨のものでした。これはとても大切なポイントではないでしょうか。

私たちも心に荒れ野をもつことの大切さを思います。荒れ野こそが神との出会いの場であることは、聖書がくりかえし教えてくれるところであります。

ワイツゼッカー大統領からの手紙

心に刻むというのは、歴史における神の御業を
目のあたりに経験することであります。
（ワイツゼッカー）

ワイツゼッカー大統領は一九八五年、ドイツ敗戦四〇周年にあたり、連邦議会での演説で、「過去に目を閉ざす者は結局のところ現在にも盲目となる」と述べ、多くの方々が感銘を受けました。その大統領が一九八九年、昭和天皇の大喪の礼に当時の西ドイツを代表して来日されることを知り、私は何とか自分の気持ちをお伝えしたくて手紙を認《したた》めました。

「今、日本では国の政治倫理が問われ、また、私の勤める会社では企業倫理が問われております。そうした折り、西ドイツの敗戦記念日に連邦議会での演説のなかで組織と個人の倫理についてはっきりした態度を示された一国の指導者が来日されることは、大変意義深いことと思います」といった趣旨の手紙でした。

多少いきさつを申しますと、当時、私は時期的に仕事が忙しく、会社に泊り込みの生活をしており、子どもの顔を何日も見られない日々を送っていました。そうしたなかで、会社のトップがリクルート事件で逮捕されるかもしれないという深刻な事態が起きました。久しぶりに自宅に戻った私は、小学生の娘から「お父さんの会社とリクルートとどっちが悪いの？」と問われ、父親としての返答に窮しました。そうした折、ワイツゼッカー大統領が来日されることを知り、手紙を書いたのです。

それから二か月ほどして在日西ドイツ大使館から手紙が届きました。ワイツゼッカー大統領のサイン入りのドイツ語の手紙とともに日本語の訳文まで添えられていました。返事をいただけるなどとは思ってもいなかっただけにびっくりしました。

「拝啓、二月二四日付貴翰《きかん》に対し心よりお礼申し上げます。深い尊敬の念を抱きつつ拝読致しました。私にとりまして、亡き昭和天皇御大喪の折の貴国滞在は心打たれる体験でした。わけても貴見のような心温まる励ましの文面に触れ、貴国並びに国民の皆様が日頃どれだけ豊かで繊細な感情をもって世界に接しておられるかを認識させられました。そこに貫かれている真摯な姿勢に強い感動を覚えました。御書面の中で一九八五年五月八日の私の演説に触れておられました。自らを顧み、自国の歴史にけじめをつけることはそれぞれの国民の手に委ねられたことがらでありましょう。それは私たちドイツ人にとっても同様であります。あの演説は私と同じドイツ人に向けられたものであり、私たち全ての心情と考え方を表現しようとしたものです。他の国民に呼びかけるべきメッセージというものは私にはありませんし、またそうすることは私の職務の及びうるところでもありません。しかしながら、過去を忘れないということにこそ、自由への力が潜み得るのだということは、我々が分かち合うことができる共通の体験であるかもしれません。私に対して、友情のお気持ちを示してくださったことに厚く御礼申し上げます。(署名)」

私には驚きでした。一介の外国市民からの手紙に対し、単なる返信にとどまらず、その内容が控え目で心打たれるものを感じました。私はあらためてワイツゼッカー大統領の演説を読み直しました。手紙をいただいた近しさも加わり、一語一語ゆっくりと読みました。一国の国家元首が四十数年前の戦争による犠牲の大きさを、連邦議会という公の場で具体的に告白し、過去を心に刻むということが人類の和解の出発であり、信仰の根底をなすものであると述べておられたのです。

私は「心に刻む」ことの大切さを知らされた思いがしました。そこでワイツゼッカー大統領が述べた「心に刻む言葉」をいくつかご紹介します。

「われわれにとっての五月八日とは、何よりもまず人々が嘗めた辛酸を心に刻む日であり、同時に我々の歴史の歩みに思いをこらす日でもあります。」

「五月八日は心に刻むための日であります。心に刻むというのは、ある出来事が自らの内面の一部となるよう、これを誠実かつ純粋に思い浮かべることであります。」

「心に刻むというのは、歴史における神の御業を目のあたりに経験することであります。これこそが救いの信仰の源であります。」

これが西ドイツの最高議決機関で行われた演説であることを思いますと、ドイツと同盟を結んでいた日本が心にどう刻んでいたのか、二つの国のあまりの精神的土壌の違いに驚くばかりです。あの悲惨な事実が、大きな痛手として具体的に、しかも今を生きるものの内面の問題として繰り返し問い直し、自問し、聖書を手がかりに進むべき方向を求めようとした演説に感銘を受けました。

心に留めてください

心に留めてください　土くれとしてわたしを造り
塵に戻されるのだということを。
（ヨブ一〇の9）

シンガーソングライターの小《お》椋《ぐら》佳《けい》が作詞・作曲した『もうと言い、まだと思う』という歌の中に、「命の立ち位置　いつも坂道　もうと思えば　下り坂　まだと思えば　上り坂」というフレーズがあります。もうとか、まだとかという感覚は、日々の生活で、誰の身にも降りかかってくるのではないでしょうか。

ところで、最近、気になっている聖書の言葉があります。
「心に留めてください　土くれとしてわたしを造り　塵に戻されるのだということを。」
（ヨブ一〇の9）という聖句です。

「心に留めてください」、とても響きのいい言葉です。大切にしているものを想い起こし、忘れないように願う言葉のように思います。詩編には主なる神に向かって、「心に留めてくださいい」と切々と訴える箇所がいくつかみられます。また、この言葉は、一九八五年、西ドイツの敗戦記念日にあたり、当時のワイツゼッカー大統領が連邦議会での演説で「心に刻む」として述べた言葉としても知られています。過去を心に刻むということが人類の和解の出発であり信仰の根底をなすものであり、これこそが救いの信仰の源であると語っておられたのが心に残っています。

さて、ヨブ記には、義人とされたヨブに不幸が見舞い、地位や名誉や財産、そして最後は健康までが脅かされ、皮膚病が全身を覆うという苦しみにさらされると書かれています。そうしたなかでヨブは、一〇章1節で「わたしの魂は生きることをいとう」と言い、18節では「なぜ、わたしを母の胎から引き出したのですか。わたしなど、だれの目にも止まらぬうちに　死んでしまえばよかったものを」とまで言ったとあります。そのヨブが9節で「心に留めてください　土くれとしてわたしを造り　塵に戻されるのだということを」と神に切々と祈り、問いかけます。ヨブは一方で「わたしの魂は生きることをいとう」と言い、「わたしなど、死んでしまえばよかったものを」とまで激しく言い放ちますが、他方では、「心に留めてください　土くれとしてわたしを造り　塵に戻されるのだということを」と謙虚な言い方をしているのです。ヨブの心の揺れはそれほど大きなものだったといえるでしょう。

私はあらためて土くれとして、塵に戻されるという意味について思いをめぐらしてみました。あわせて、小椋佳ではありませんが、「もう　若い力も　情熱も　萎えてしまったと言い　……まだやりたい事の　いくつかは　果たしてないと　思う」気持ちが入り混じりました。

聖書には、人が塵から造られ塵に返るという記述がほかにもみられます。創世記二章7節には「土の塵で人を形づくり、その鼻に命の息を吹き入れられた」とあり、三章19節には「塵にすぎないお前は塵に返る」とあります。また、詩編一〇三編14節には「わたしたちが塵にすぎないことを御心《みこころ》に留めておられる」とありますし、詩編九〇編3節には「あなたは人を塵に返し『人の子よ、帰れ』と仰せになります」とあります。

ヨブが苦しみのなかで、神を相手に激しく問いかける姿に驚かされます。さらにその問いかけが、土くれ、あるいは塵に戻されるというまさに人間の根本にかかわるものであることも、私には驚きでした。

私たちは祈るとき、祈りというよりは、ああしてください、こうしてくださいといった個別の願いになりがちです。しかし、個々の願いや希望はひとまず横におき、まずは初心に帰って、塵にすぎないものですが心に留めてください、と祈ることも大切ではないでしょうか。

若いときの力や情熱に翳りがみえるのは否めない事実です。しかし、まだ学びたいことのいくつかは果たせてはいない、決して平坦な道にいるわけではないけれども、下り坂ばかりではない、まだと思えば上り坂、もうと思えば下り坂。年を重ねた今、そんな歩みを続けたいと願っております。

われらがまことならずとも

われらがまことならずとも、
彼はつねにまことにいます。
（第2テモテ二の13）前田護郎訳

二〇〇七年十一月八日、高橋晴雄さんが召されました。九四歳でした。晴雄さんは二五歳の時、北支（今でいう華北）での軍隊生活の後、ソ連の捕虜となり、四年強の間、シベリア抑留となります。

その体験をあるキリスト教の雑誌に「シベリア捕囚記」として投稿しました。そこには、軍国主義、さらに共産主義教育に振り回される一方、極寒の地にあって栄養失調に陥り、二度にわたる入退院を余儀なくされるなど、それはそれは過酷な日々を過ごしたことが記されています。なかでも、心に残る文章がありました。

晴雄さんは、日本から北支に送られたとき、衣服のほか、聖書と数冊の信仰書を携行していたそうです。ソ連の捕虜になると、持ち物はすべて収容所に預けさせられ、最後まで信仰書と衣服は戻ってきませんでした。そんななか、幸いにも隠し持っていた聖書だけは助かったと書かれていて、戦地にあって一キリスト者として筋を通した生きざまには、ただ頭の下がる思いがします。

こうした晴雄さんがシベリア捕囚から帰国後、お世話になった信仰の先生と袂《たもと》を分かたざるをえないほどの転機となったのは異言《いげん》問題でした。その経緯を晴雄さんは、『恩恵二十五年』（世田谷聖書会編）という記念文集の「異言について」に掲載しています。

異言とは、聖霊を受けて宗教的な恍惚境に陥った人々が一般人には理解できない言葉で祈ることをいいます。昭和二四年ごろ、理性的、良識的な信仰を特徴とする無教会のなかにも、異言が流行病の如く広がって、晴雄さんもその渦中に巻き込まれそうになりました。

このことを晴雄さんは、次のように締めくくっています。

「信仰は油紙に火がつくように瞬間的に燃え上がるものではなく、紙に油がしみこむように、長い間かけて育っていくものだと思います。しかし、その信仰すら罪なる人間にはおぼつかなく、イエス・キリストの『まこと』によって、神から与えられるものであることを、世田谷の集会において学びました。」

私は、晴雄さんが異言問題を「イエス・キリストのまこと」と対比していることに注目しました。晴雄さんは、異言という熱狂的信仰の反対軸に、イエス・キリストのまことという理性的で良識的な信仰を思い浮かべていたからです。しかもこのことは、いみじくも前田護郎先生が最も伝えたかった福音の真理でした。

聖書の大事な言葉に「ピスティス」があります。古代ギリシャ語に由来するこの言葉は、一般に「信仰」と訳されてきました、そのため、ピスティスとは、えてして人間が信じて仰ぐものと受けとめられがちです。しかし、前田先生が強調されたことは、「イエス・キリストだけが神に対し、まこととなって十字架につかれた、それゆえ十字架とピスティス、まことは切り離せないものである、ということが真の救いの基本である」ということです。真の救いとは、人間が信じて仰ぐ信仰ではないのです。

一方、聖書には、「まことならざる人」のことも描かれています。あるパリサイ人が、律法を守っていることを神に感謝するかたわらで、神から遠く離れて、「神様、罪びとのわたしを憐れんでください」と祈らざるをえない取税人の姿が描かれています（ルカ一八の9～)。また、別の箇所では、長血をわずらった女性が、おそるおそるイエスの着物にさわろうとして、イエスに気づかれ、その真相を告白する話があります(マルコ五の25～)。この人たちはいずれも当時、救いの対象ではないとされた人たちで、それでもひたむきに救いを求めようとする貧しい人たちでした。

私はこうした聖書の記事からあらためて「われらまことならずとも」という聖句を想い起こしました(第2テモテ二の13)。

たとえ私たちがまことでありえなくとも、イエスが十字架にかかってくださったこと、その真実、まことによって、救いが約束されているのだという福音に安らぎを覚えるのです。自分がどんなに不信仰であろうとも、むしろ神のまこと、イエス・キリストのまことによって生かされている、そこに恩恵があるように思います。

しかし、わたしは主を仰ぎ

しかし、わたしは主を仰ぎ、
わが救いの神を待つ。
（ミカ七の7）

「われらがまことならずとも」という聖句に触れた後、ふと、ミカ書の聖句が目に留まりました。「しかし、わたしは主を仰ぎ」（ミカ七の7）という聖句です。

この聖句に触れた途端、私の中では二つの聖句「われらがまことならずとも」「しかし、わたしは主を仰ぎ」が、上句と下句となってつながって迫ってくるように思えてきました。

ミカは紀元前八世紀ごろの南ユダ王国の預言者でした。当時の国情は、富める者が貧しい者をしいたげ、祭司や預言者は堕落して、政治家も無責任、不道徳。そうした状態にあって、預言者ミカは庶民の立場から、都市の堕落を告発し、指導者層や宗教家を批判し、権力や権威に挑戦したといわれています。

ミカ書七章6節を見ますと、「息子は父を侮り、娘は母に、嫁はしゅうとめに立ち向かう。人の敵はその家の者だ」とあり、預言者ミカは、国や地域社会から家庭に至るまで、全てが敵対関係にあると、実に厳しい預言をしています。正義は失われ、私欲に走り、隣人も信用できないほどに、人々の心は乱れ、しかも家族までもが敵対関係にあると指摘しているのです。そして、こうした時代であるがゆえに神の裁きがくると言います。

しかし、こうした状況のもと、預言者ミカは「しかし、わたしは主を仰ぎ、わが救いの神を待つ」と言って、かすかに望みを託すのです。

私は、ミカが決して主を仰げるような状況にないにもかかわらず、「しかし、わたしは主を仰ぎ」との声を発していることに心を打たれました。人の目にはもはやダメだと絶望的に見えるときにでも、しかし、目をあげ、主を仰ぐ。これこそ「まことならざるもの」に残された救いの道であるといえないでしょうか。

こうして社会の腐敗を告発した預言者ミカですが、それにもかかわらず主を仰ぎ、救いの神を待つことを告げています。対立と分裂の社会にあっても、願いを聞き届けてくださる神を信頼し、主を仰ぎ、救いの神を待つ、と告げているのです。その昔、アブラハムは望みえないことを望みつつ信じました。人に望みをおくのではない。主に望みをおき、主を仰ぐ。このことは、「しかし、わたしは主を仰ぐ」ことと同じではないでしょうか。

こうみてきまして、では、主に希望をつなぎ、主を仰ぐことを徹底した方は誰だろうと思いました。そして、イエスのことが想い起こされました。

イエスは決して十字架刑を望んだわけではありませんでした。しかし、この世はイエスを受け入れませんでした。いわれなき理由でイエスは十字架につけられることになったのです。イエスは十字架上で叫びます。

「エリ、エリ、レマ、サバクタニ（わが神、わが神、なぜわたしをお見捨てになったのですか）。」（マタイ二七の46）

イエスはこう叫びつつ、

「父よ、わたしの霊を御手《みて》にゆだねます。」（ルカ二三の46）

とも叫んだのです。

この一見、相矛盾するようなイエスの叫びの中に、私は「しかし、わたしは主を仰ぐ」の真の姿を見る思いがしました。

古きわれはまことならざる者であります。そのまことならざる者が主を仰ぐ、しかも、本来、主を仰ぐことができそうもないなかで、主を仰ぐ。詩編二五編1節は新共同訳では「わたしの魂はあなたを仰ぎ望み」とありますが、月本昭男さんはこの箇所を「あなたに、ヤハウェよ、わたしはわが魂を挙げます」と訳しています。そして「魂を挙げる」ことは「想いを向けること」だと、『詩篇の思想と信仰1』（新教出版社）の中でコメントしています。

私は「わたしはわが魂を挙げます」という月本訳に、主を仰ぎ望むということは、「わたしの魂を挙げること、想いを向けること」だという強いメッセージ性を感じました。

まことは地から

まことは地から萌えいで、
正義は天から注がれます。
（詩編八五の12）

詩編八五編11～12節には、「慈しみとまことは出会い、正義と平和は口づけし、まことは地から萌えいで、正義は天から注がれます」とあります。この詩編は、バビロン捕囚から帰還して間もないころ、祖国イスラエルの再建に着手したものの困難に直面したイスラエルの民が、罪を悔い改め、神と人との関係を回復するために必要な慈しみと真実を求めた祈りの詩といわれています。

「まことは地から、正義は天から」――私が初めてこの聖句に接したとき、いい言葉だなあと思いつつも、はて、地にまことがあっただろうかとも思いました。

創世記の冒頭に「地は混沌であって、闇が深淵の面《おもて》にあった」（一の2）とあります。

しかもそれ以降の人類の歴史には、「まことは地から」とはとうてい相容れないような人間の過ちがあちらこちらにみられるように思います。

新約聖書をみますと、「あなたがたは地上に富を積んではならない。……富は、天に積みなさい」（マタイ六の19～20）とあり、地では虫が食ったりサビついたりで、「まことは地から」とはほど遠い状況にあるように思います。

一方、詩編三三編4～5節には「主の御言葉《みことば》は正しく、御業《みわざ》はすべて真実。主は恵みの業と裁きを愛し、地は主の慈しみに満ちている」とあり、詩編八五編の「まことは地から」（12節）と同様、地にも主のまことが及んでいることをうたっております。聖書が地をどのようにとらえているかについては、必ずしも一様ではないように思われます。

ところで、私が気にかかっている聖句があります。第2テモテ二章13節です。前田護郎訳では「われらがまことならずとも、彼（イエス）はつねにまことにいます」とあります。新約聖書には、「イエスこそまことの主である」との言葉が、パウロが書いたいろいろな書簡にみられます。パウロは地中海各地を伝道していますが、たとえばローマに住む信徒にあてた手紙には、「しかし、今や律法に関係なく神の義が示されました。……すなわちイエス・キリストのまことによる義で、信ずるものすべてのためのものです」（ローマ三の21〜22、前田護郎訳）と書かれています。

イエスの「まこと」については、私も信仰の基本として前田護郎先生から繰り返し学んできたところです。前田先生がことのほか「ピスティス」というギリシャ語の訳にこだわっておられたことは前述しました。一般に「信仰」と訳される「ピスティス」を、先生は「まこと」と訳されたのです。

「信仰」と訳されたピスティスは、人間が信じる信仰と受けとめられがちです。事実、ローマ書三章22節は、新共同訳では「イエス・キリストを信じること」という訳になっています。他方、前田訳ですと、「イエス・キリストのまこと」と訳されており、新共同訳とはかなり意味合いが違うことが分かります。

しかも、パウロはこの箇所を、「イエス・キリストのまことによる神の義」と記しているのです。イエスがこの世に来られたことは、私にとって、「まことは地から」を想起させるものでした。なぜなら、人は元来罪びとで、まことといえる存在ではありません。義であり、まことであることは神に属するものとされていました。しかし、イエスが地上に来られ、人々の罪をきよめ、人々に真のまことを示された。私は「まことは地から」という言葉に、まことはイエスからとの思いをもったのです。

では、まことはどのように地から萌えいずるのでしょうか。その答えはイエスの地上の生涯に隠されているように思います。

われらはまことでなくとも、真のまことを実現してくださる方が現れて、しかもその方が地上で活動され、最後は十字架の道を歩まれた。この地上での出来事こそ、「まことは地から」萌えいでたということではないでしょうか。

「世に来て人皆を照らす真《まこと》の光があった。」（ヨハネ福音書一の9）それは「恵みと真《まこと》に満ちていた。」（ヨハネ福音書一の14）

「その恵みと真《まこと》は、イエス・キリストによって成った。」（ヨハネ福音書一の17）

前田訳のヨハネ福音書の冒頭のこれらの言葉は「まことは地から」を象徴的に表しているように私には思えます。

安心しなさい

安心しなさい、わたしだ。
恐れることはない
（マルコ六の50）

最近、安全・安心がよく話題になります。食品をはじめ、事件・事故や自然災害、身近な問題としては病気や介護など、安心とは逆の不安になる出来事がまん延しています。世界の海を横断した冒険家が不安について質問され、いちばん不安だったのは嵐のときよりもむしろ穏やかな凪のときで、次にどんな嵐が来るか心配で不安だった、と話していたのが印象的でした。最近は情報が氾濫し、真偽の分からない情報に振り回され、いたずらに不安にかられることが多いのではないでしょうか。

イエスはその生涯を通じ、何度も「安心しなさい」と語りかけています。

マルコ福音書六章50節では、「安心しなさい、わたしだ。恐れることはない」との声に接したとあります。明け方、ガリラヤ湖の向こう岸に渡ろうとした弟子たちが、逆風が吹いて悪戦苦闘しているとき、湖上を歩いているイエスを見て、幽霊だと思っておびえました。そのときに、イエスが言われた言葉です。

また、マルコ福音書五章34節では、イエスが、「あなたの信仰があなたを救った。安心して行きなさい」とも語っています。

この話は一二年来、長血の病（出血の止まらない婦人病で、出血の間は汚れた者として、人々と接することを禁じられた）を誰にも治してもらえずに全財産を使い果たしてしまった女性が、イエスが来られると聞いて、藁にもすがる思いで、群集に混じって後ろからイエスの衣の房に触れたことで病が治ったという出来事です。「わたしの服に触れたのはだれか」（マルコ五の30）とイエスが尋ねると、その女は自分に起こったことにおそれおののき、もはや隠せないと思い、イエスの前にひれ伏し、自分が触れたことの真相を話したのです。イエスはこの女性の態度に信仰を見て、「あなたの信仰があなたを救った。安心して行きなさい」と語ったとあります。

このイエスの言葉が、彼女にとってどれほど大きな励ましとなり、希望となったことでしょうか。私はこの女性から真相を聞いたイエスが、「安心して行きなさい」と語りかけた言葉は、イエスがこの長血の女の罪をご自分の身に引き受けようとされたのではないかと思います。そして、そこに十字架を見る思いがしました。

マタイ福音書二八章には、復活したイエスが弟子たちと再会した場面が描かれています。弟子のなかには復活を疑う者もいたようですが、そうしたなか、イエスは「安んぜよ、わたしは世の終わりまでいつの日もあなた方とともにいるから」（マタイ二八の20、前田護郎訳）と約束されたとあります。

思いますに、これは印象的なイエスの言葉です。復活信仰が弟子たちにどう理解されたか、私なりに考えてみますと、その前提にはイエスの十字架があると思えるのです。イエスが十字架にかけられた際、弟子たちは皆、イエスを見捨てて逃げてしまいました（マルコ一四の50）。弟子たちは、弁解の余地がない裏切り者、逃亡者という状況に追い込まれたのでした。その混乱たるや、弟子たちにとっては想像をはるかに超えるものでした。そこに、復活のイエスが現れたのです。イエスというお方は、一度は自分を裏切った弟子たちにも復活した姿で近寄ってきてくださったのです。弟子のなかには疑う者もあったと、聖書は率直に伝えています（マタイ二八の17）。しかしながら、近寄ってきたイエスは、まず「安んぜよ、安心しなさい」と語りかけてくださったというのです。そして、「私は世の終わりまでいつの日もあなた方とともにいるから」と臨在の約束をしてくださったのです。

私たちのささやかな信仰がイエスの十字架の死で終わらずに、復活と合わせ、ひとつになって、罪のゆるしが語られることの大切さを考えさせられました。

心いっぱい、魂いっぱい

なんじの神である主を愛すること
心いっぱい、魂いっぱい、意志いっぱいにせよ。
（マタイ二二の37）前田護郎訳

新約聖書には四つの福音書がおさめられています。その一つであるマタイ福音書の中に、私にとってわくわくするような聖句があります。その聖句のもとは申命記にあります。

私は長らく文語訳聖書に馴染んでおりました。

「イスラエルよ聴け　我らの神エホバは惟一《ただひとり》のエホバなり　汝《なんじ》心を尽し精神を尽し力を尽して汝の神エホバを愛すべし」（申命六の4～5）と。

その後、前田護郎訳聖書が刊行され、マタイ福音書二二章37節を見ますと、ここでは「なんじの神である主を愛すること心いっぱい、魂いっぱい、意志いっぱいにせよ」と訳されています。初めてこの訳語に触れたとき、私はその新鮮な響きに驚きました。

聖書、特に新約聖書を想い起こしますと、「心いっぱい、魂いっぱい」という表現が素晴らしいと感じる箇所がいくつかみられます。

その一つにエリコの盲人の話があります（マルコ一〇の46〜52）。エリコの町で盲人がイエスに「お憐れみを！」と叫んだ記事です。この盲人は最初から目が見えるご利益を求めたわけではなかったと思います。その証拠に、盲人がイエスに求めた最初の第一声は「主よ、憐れんでください」というものでした。

憐れむことは心に留めること、心を向けることであり、おそらくこの盲人はイエスが来られることを耳にし、自分のように苦しむ人間にも目を留め、心を向け、憐れんでくださいといった気持ちを、それこそ心いっぱい、魂いっぱいにして叫んだのではないでしょうか。すると、イエスはその盲人の熱心さにほだされ、「何をしてもらいたいか」と聞き返されたので、盲人は初めて「主よ、目をあけてください」と答えたのではないでしょうか。

私はこのような具体的なシーンを目の前にし、「心を尽くし、魂を尽くして」というよりは「心いっぱい、魂いっぱい」という言い方に、身近な響きを感じました。

ところで、申命記六章5節にある「あなたは心を尽くし、魂を尽くし、力を尽くして、あなたの神、主を愛しなさい」は、ギリシャ語では「あなたの主なる神を愛せよ、あなたの心、全部で、また、あなたの魂、全部で」となっています。だとすると「心を尽くし、精神を尽くし」との表現、あるいは前田訳の「心いっぱい、魂いっぱい」の元の意味は「心全部で、魂全部で」が原意のようです。

「心いっぱい」は、「心全部で、心のすべてで」という言い方ですが、これは唯一神と関係するように思います。すなわち、真の神はこの世にただ一人、その神を愛することに、心を分けることなく、二心なく、心のすべてをもって神を愛せよ、と伝えているように思います。

「魂いっぱい」も同様です。真の神はたくさんいません。ただ一人、それゆえ魂のすべてをもって、魂の全部で、主なる神を愛しなさい、というのが原意に思えるのです。

申命記にせよ、マタイ福音書にせよ、「心いっぱい」ということは心が一つであるということ、「魂いっぱい」とは魂が一つであることを意味し、「全部であること」と「一つであること」は同じ意味で語られているように思えたのです。

主を愛すること心いっぱい、魂いっぱいに。私はこうした思いをフィリピ書に見る思いがいたします。

フィリピ書は「よろこびの書簡」と言われています。しかし、パウロがこの手紙を書いたとき、彼は囚われの身であって、しかも殉教を前にし、緊迫した状況にありました。にもかかわらず、この手紙には「よろこぶ」という言葉が多く用いられています。

パウロは、「わたしにとって生きることはキリストであり、死ぬことも益です」（フィリピ一の21）とまで言っています。囚われの身でここまで言い切るとは、パウロにとって心いっぱい、魂いっぱいの言葉ではなかったでしょうか。

さらにパウロは、三章1節で「最後に、兄弟よ、主にあってよろこんでください」と語り、「イエス・キリストを知ることのすばらしさのゆえに、すべてを損と思っています」とまで伝えているのです（フィリピ三の8）。私はこうしたパウロの「生きることはキリスト」「主にあってよろこぶ」といった言葉の端々から、「心いっぱい、魂いっぱい」のパウロを見る思いがしました。

静かに生きること

静かに生きることを尊び、おのがことを務め、
手ずから働くこと、指図したとおりになさい。
（第1テサロニケ四の11）（前田護郎訳）

前田護郎訳聖書（『新約聖書』中央公論社）によりますと、第1テサロニケ四章11節は、「静かに生きることを尊び、おのがことを務め、手ずから働くこと」とあり、静かに生きることを勧めております（新共同訳聖書では「落ち着いた生活をし、自分の仕事に励み、自分の手で働くように努めなさい」と訳しています）。

静かに生きるといいますと、つい、世の荒波を避け、平和な世界で穏やかに暮らす姿を想像しがちですが、実はそうではありません。聖書で静かに生きることを勧めるときは、たいてい世の中が激しく動いているときです。旧約聖書に登場する預言者エリヤの場合、四十日四十夜歩き続け、神の山で激しい風や地震があった後に、静かな声に接し、心を静

めたとあります（列王上一九の8～12）。また、預言者イザヤはアッシリアという大国が侵入してくる国難危急のなか、主なる神の声を聞いたのです。その声は、「お前たちは、立ち帰って静かにしているならば救われる。安らかに信頼していることにこそ力がある」（イザヤ三〇の15）という主なる神の声でした。

このように、静かに生きることは、平穏無事な環境のもとでなく、むしろ変化の激しいなかで心に響くことが多いのです。また、静かに生きることは、イエスご自身が生涯を通じて、私たちに示してくださったことでもあります。あるとき、イエスは激しい嵐のなかで、しかも弟子たちがおじまどうなか、風に沈まれと命じ、風はやんだとあります（マルコ四の39）。また、群衆がイエスを王にしようとすると、イエスは山に逃れ、静かな声に耳を傾けようとされる方でもありました（ヨハネ福音書六の15）。

私たちはこの厳しい世の中で、四六時中静かに生きることを望んでいるのではありません。むしろ日常は、どろどろした現実のなかに身をおかざるをえないのです。そうした現実にあるからこそ、静かに生きることが神との交わりにとって大事なことではないでしょうか。

静かに生きるといいますと、思い出す逸話があります。あるお坊さんから伺った禅の教えの話です。

境内に幟《のぼり》がかかり、旗がぱたぱたと揺れている。それを見ながら二人が論じ合っています。一人は、あれは旗が動いているのだと言い、もう一人は、いや違う、あれは風が動いているのだと反論していました。そこへ一人の人が来て、控え目に「風が動くのでもない。旗が動くのでもない。あなたがたの心が動くのです」とぽつりと言って立ち去ったというのです。

私たちは周囲の環境が変化すると、ついそちらに目がいきがちですが、動いているのはむしろ自分自身かもしれません。

また、内村鑑三の印象深い話が、『藤井武全集』第一〇巻（岩波書店）に載っています。

内村が招かれた教会の集まりでのことです。有力な牧師が内村の前で、真理の敵は無教会主義であると叫んで内村を攻撃しました。あとから講壇に立った内村は、無教会主義の「無」の字も言わず、あるたとえを話しました。

「子供らが池の端に戯れている。たまたま水中に蛙を見つける。かれらは直に石を拾ってこれを投げうつ。撃つ者は面白半分である。併し撃たれる者にとっては冗談ではない。死ぬか活きるかの問題である。彼は心の深い処に痛みを覚える。何処かで癒されなければならぬ。故に或る者に縋《すが》るのである。憐れむべき蛙は撃たれる度毎に深く水の中に潜って、或る一人のものに縋りつくのである。そうしてそのものに慰められて、傷は悉く癒されるのである。」

内村が自らを蛙にたとえた見事な切り返しでした。

私は静かに生きることを考えるとき、この内村鑑三の逸話を思い出します。内村は教会から攻撃されたり、マスコミや世間の非難を受けると、水の中深く潜ってキリストの十字架に駆け込むことで、心の平安を得ようとしたのです。周囲が穏やかでないときは、心の安らぎを得ることは並大抵のことではありません。面白半分で投げる石をよけるには、水の下深く潜るのが一番ですし、そこで癒《いや》され、もう一度水面に上がってくるという内村のたとえ話は、大きな慰めとなりました。この世にあって静かに生きること、それは混迷した厳しい世の中で、心を静め、神の声に耳を傾けることにあると再認識しました。

自然のままの石

自然のままの石であなたの神、
主の祭壇を築きなさい
（申命二七の6）

聖書には石にまつわる話がいくつか出てきます。その一つが申命記二七章にあります。イスラエルの民は、モーセの指導のもと、奴隷であったエジプトから脱出し、乳と蜜の流れる約束の地を目指して四〇年にわたり旅を続けます。しかし、現実は物資が欠乏したり、モーセにつぶやきをくり返したりするなど、信仰の試練を味わいながら、ようやくヨルダン川に至ります。いわゆる「荒れ野の四〇年」といわれる旅です。

神の救済の歴史にとって、ヨルダン川を渡ることは実に記念すべき出来事でした。そこでモーセが民に命じたのは、神にささげる祭壇を築くことでした。モーセは民に言います。ヨルダン川を渡ったなら、あなたの神、主のために祭壇を築きなさい、しかもそれは石の

祭壇で、鉄の道具を当ててはならず、自然のままの石で築きなさい、と命じたのです。（申命二七の4〜6）

では、モーセが自然のままの石にこだわり、祭壇を築くよう命じたのは何故でしょうか。私は単純に、自然のままの石が素朴で質素なこともあり、鉄の道具を当てていない、人の手《て》垢《あか》のついていない石で祭壇を築きなさい、という意味合いに受けとめていました。ところが、最近、さらに深い意味があることを教えられました。

ヘブライ語で「自然のままの石《エベン・シェレマー》」は、完全な石を意味する言葉だというのです。神に捧げ物をする祭壇は最も聖なる場所で、材料も最良のものでなければなりません。それが「自然のままの石」であり、「完全な石」であるというのです。完全といいますと、えてして欠点のない、完璧なものを想定しがちです。しかし、ヘブライ語では、手を加えたものは完全ではなく、まだ手を加えていない自然のままが完全なのです。

私が思いますに、自然のままの石というと、聞こえはいいのですが、必ずしも形の良いものばかりではありません。なかには不揃いで、人の手を加えたくなるものもあったでしょう。ところが、モーセは切り出したままの石、多少、形は不格好でも、人の手垢《てあか》のついていない石のほうが、神の目から見ると、自然で、完全だというのです。このことは私の心に強く残りました。

私はある聖句が頭に浮かびました。「信じます、信仰のないわたしをお助けください」という聖句です。てんかんの息子を持った父親が、息子を助けたい一心で、イエスに願い出るのですが、「信じる者には何でもできる」とのイエスの言葉に、父親は「信じます、信仰のないわたしをお助けください」と叫んだとあります（マルコ9の23～24）。

この父親が「信じます」と告白したのは、咄嗟《とっさ》のことでした。「信じます」と「信仰のないわたしをお助けください」という二つの言葉が相まってイエスに返されたのです。私はそこに父親の自然のまま、ありのままの姿を見る思いがしました。

自然のままといいますと、想い起こすことがあります。前田護郎先生が、生前、次のような問いかけをされました。

今まで神様を信じてきた人が交通事故に遭い、打ちどころが悪く、神様を呪うようなことになったとしたら、その人の救いはどうなるでしょうかと。前田先生はこう問いかけつつも、「しかし、神様はそれでもその人を救ってくださるから大丈夫、というのが神様から与えられた福音です」と語られたのです。

私たちは信仰とは、信じて仰ぐという人間の行いと思いがちです。しかし、パウロのいう信仰とは、人間が信じて仰ぐことではない。むしろ、信じることができない人に、恩恵として神から示されるまことであると、教わってきました。あらためて自然のまま、ありのままでいたいと願うものです。

3　めぐみ

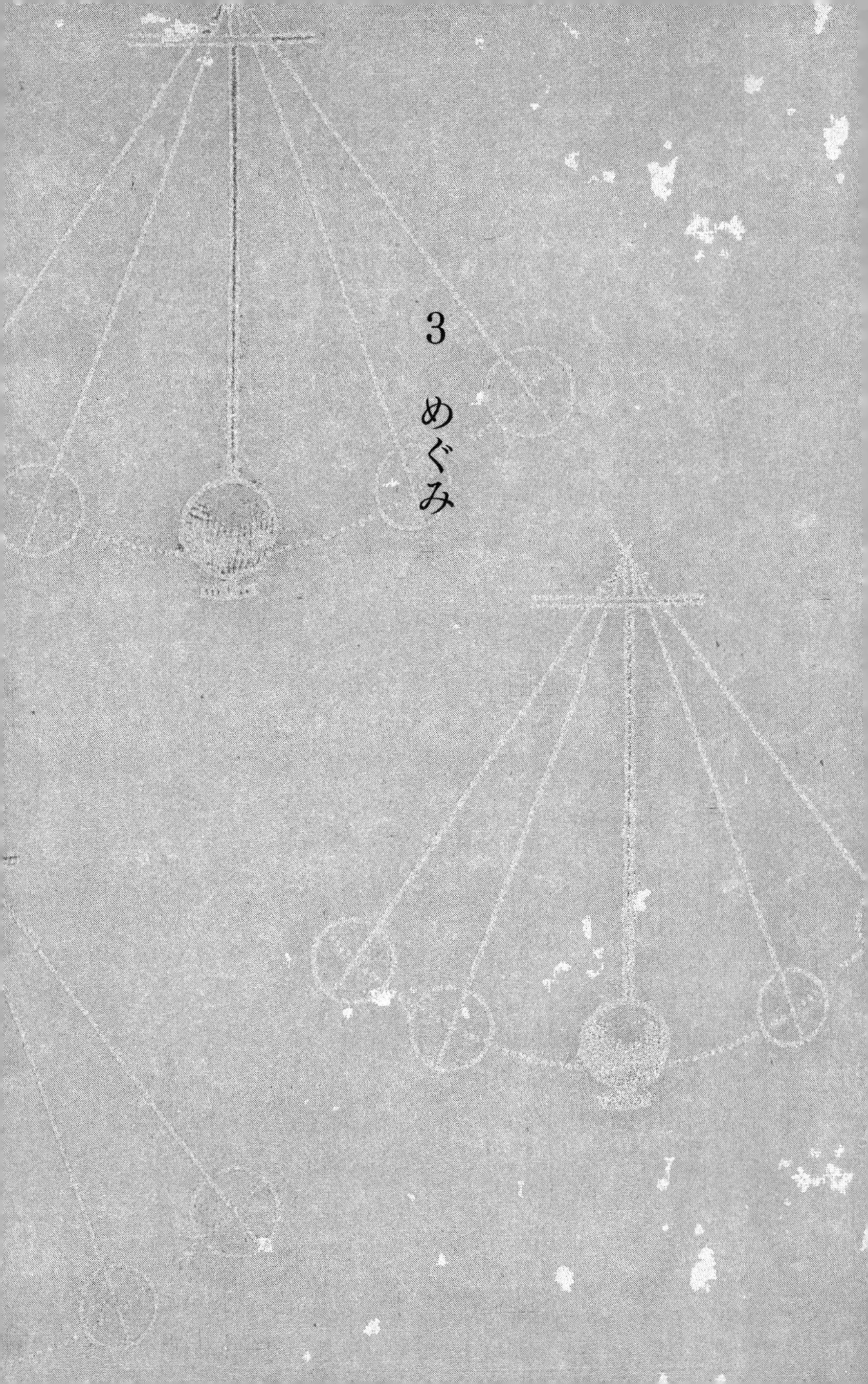

今、恵みのうちに

じつに今こそ恵みの時、救いの日です。
（第２コリント六の２）前田護郎訳

八月十五日が近づくと、中国、韓国を巻き込み、歴史問題が話題にのぼります。安倍元首相は戦後七〇年談話（二〇一五年）で、「日本では、戦後生まれの世代が、今や、人口の八割を超えています。あの戦争には何ら関わりのない、私たちの子や孫、そしてその先の世代の子どもたちに、謝罪を続ける宿命を背負わせてはなりません」と述べ、一部から拍手を受けました。

しかし、私は逆でした。過去とどう向き合うべきかは難しい問題ですが、私は、子や孫も過去に対する責任を負っており、そのうえで今を生きていくことが、同じ過ちを繰り返さないためにも大切だと考えております。

では、今をどう生きていくべきでしょうか。

私はパウロを想い起こします。パウロは過去にユダヤ教徒としてキリスト信徒を激しく迫害した人物でした。しかし、迫害の途中、復活のイエスに出会い、イエスを神の子として伝道を始めます。そして過去の自分を月足らずのような者と言い、使徒たちのなかで最も小さいもの、使徒と呼ばれるに値しないと自認するほどでした。

パウロはそうした自分が「神の恩恵によってわたしは今あるものでありえます」（第1コリント一五の8～10）（前田護郎訳）と今をとらえ、使徒として活動を始めたのです。

また、パウロはキリストのおかげで今の恵みに導き入られたことに感謝し、「苦難は忍耐を、忍耐は訓練を、訓練は希望を生むことを承知ですから。この希望は恥をかかせません」（ローマ五の3～5）（前田護郎訳）とも語っています。さらにパウロは、「じつに今こそ恵みの時、今こそ救いの日です」（第2コリント六の2）（前田護郎訳）とも述べ、今という時の恵みをむだにしないように勧めています。

私はアメリカの公民権運動の指導者、マーチン・ルーサー・キング牧師が一九六八年四月三日に行った「私は山頂に登ってきた」という演説を読みました（『私には夢がある——M・L・キング説教・講演集』新教出版社）。キング牧師はその演説の翌日に暗殺されたので、図らずも最後の演説となったものです。

キング牧師は、今夜、暴風雨警報が出ているなかを皆さんが来てくれた、その皆さんに会えてうれしいと演説を始め、今、世界で何かが起きていると緊迫した情勢を示し、仮にだが、もし神がお前は歴史のなかのどの時代を生きたいかと問われたら、という問いを発して語り始めました。

私は神の子たちが紅海を渡り、荒野を抜け、約束の地に向かうのを眺めるだろう——これは出エジプトを彷彿させるのですが、それに続けて、しかし、私はそこにとどまらない、と断言します。さらに古代ギリシャ、次にローマ帝国へと飛びますが、しかし、私はその時代にもとどまらない。こうしてキング牧師は次々と歴史を想起します。さらに自分の名前の本家本元であるマルティン・ルターが生きた時代に飛んで九五か条の提題が張られているのを目の当りにしても、この時代にもとどまらないと語り続けます。さらにアブラハム・リンカーンの時代、最後には二〇世紀前半にも触れつつ、その時代にもとどまらないと断言するのです。

こうしてキング牧師が歴史を俯瞰し自らに問いかけた答えとは？
それは、二〇世紀後半にほんの数年生かしてくだされればそれで幸せです、というものでした。「今」と「ここ」、それは決して他の時代より良かったからではない。むしろ今は黒人解放運動の苦しいさなかにあり、内部の対立抗争に悩まされた厳しい状況下にある。国は病み、あらゆるところに悩みと困難がある。そうした今、ここで神は働いておられるのだ、と語ったのです。

こうしてみてきますと、パウロは自らの弱さの中に罪のゆるしを体験し、恵みのうちに立つことができることに感謝し、「今こそ恵みの時」と言ってはばかりませんでした。一方、キング牧師は歴史を鳥瞰しつつ、今、ここで神が働いておられ、私たちが今立つところが恵みであることを伝えており、あらためて「今という恵み」について考えさせられました。

お言葉ですから

しかし、お言葉ですから、
網をおろしてみましょう。
（ルカ五の5）

ルカ福音書五章5節以下に大漁の話が出てきます。
イエスの弟子シモン（のちのペトロ）が、イエスから小舟を出して網を降ろして漁をするよう勧められます。シモンは、夜どおし苦労しましたが何もとれませんでしたと言いつつも、「お言葉ですから、網を降ろしてみましょう」と答えます。すなわちイエスはシモンに、つい先ほどまで収穫がなかったにもかかわらず、さらなる漁を勧めることになったのです。しかし、シモンは「お言葉ですから」と素直に従いました。どうでしょうか、プロの漁師が夜どおし苦労しても何もとれなかった直後に、素直に、「お言葉ですから、網を降ろしてみましょう」と言えるものでしょうか。ところが、シモンはイエスの言葉に従い、網を降ろすと、小舟が沈みそうになるほどの大漁だったというのです。

さらに印象的なことは、シモンが大漁を見て即座に、「主よ、わたしから離れてください。わたしは罪深い者なのです」（8節）と答えたことです。大漁の事実を前にして、シモンは真の権威に触れ、畏れを感じたのでしょうか。前田護郎先生はこの個所を「権威あるものの前に抱く畏敬の念は自らの弱さを自覚させ、罪の意識をおこす」（前田護郎訳『新約聖書』中央公論社）と注釈していますが、たしかに権威や畏れ多いものの前にあって、自分の小ささや弱さを自覚するということは、私も小さな経験のなかで感じたことがあります。

「お言葉ですから」は、必ずしも信仰的な言葉ではありません。しかし、そこに両者の信頼関係を感じます。私は、漁師であったシモンがイエスの伝道の始めに、こうした出会いを経てイエスに従ったことに、信仰的なものを感じました。聖書をみますと、イエスの言葉は必ずしも多くの人々が受け入れたわけではありません。反発する人たちも大勢いました。事実、ファリサイ人や学者ら当時の知識人はイエスの言葉に反発し、「お言葉ですから」ではなく、むしろ「お言葉ですが」と言葉を返す関係にあったのです。

その昔、主はアブラハムに命じました。「あなたは生まれ故郷、父の家を離れてわたしが示す地に行きなさい」（創世一二の1）と。これに対し、アブラハムはそれこそ「お言葉ですから」と主の言葉に従ったと思います。その後、アブラハムはハランの地を出立し、何度も神の啓示を受けながら各地を歩むのですが、あるとき、息子イサクを、モリヤの山でいけにえとして捧げよとの神の命令に対し、それこそ「お言葉ですから」の精神で従ったことが記されています（創世二二の2〜）。

イエスは伝道の始めに漁師であるシモン（のちのペトロ）とその兄弟アンデレに対し、「わたしについて来なさい。人間をとる漁師にしよう」（マタイ四の19）と言われました。二人はすぐに網を捨てて従ったとあるので、ここでも「お言葉ですから」の気持ちからだと思います。漁師だったシモンは、イエスが復活したのち、「わたしの羊を飼いなさい」と三度にわたって言われたのです。（ヨハネ福音書二一の17）

シモンを含め、弟子たちは皆、イエスを完全に理解することができませんでした。そしてイエスのエルサレム入りとともに、弟子たちに裏切りが起き、イエスの十字架という悲惨な最期に進展してしまいます。しかし、イエスの処刑後、シモンは自分の職業であった漁を通して、復活したイエスに出会うのです。これも実に意義深いことではないでしょうか。

「お言葉ですから」、何と響きのいい言葉でしょうか。しかし、この言葉は自分からは何と遠い言葉でしょうか。私が思いますに、この言葉を最も厳しい局面で使われた方は、イエスではなかったでしょうか。十字架による処刑を翌日に控え、イエスはゲッセマネの園で、「この杯をわたしから過ぎ去らせてください」と神に祈りながら、それに続けて「しかし、わたしの願いどおりではなく、御心《みこころ》のままに」（マタイ二六の39）と祈ったのです。私はこうしたイエスに、「お言葉ですから」の精神を見る思いがしました。

塩に学ぶ

あなたがたは地の塩である。だが、塩に塩気がなくなれば、その塩は何によって塩味が付けられよう。（マタイ五の13）

塩に関する言い習わしは、洋の東西を問わず各地にあります。

日本では戦国武将の故事が有名です。甲斐の武田信玄が今川勢との戦いで、太平洋側の塩の道を絶たれました。兵や百姓は塩が不足して困っていたところ、越後の上杉謙信は、争うべきは米、塩にあらず、弓矢にありとして、日本海側から塩を送ったとされ、上杉謙信の行為は、敵に塩を送る行為として高く評価され、今に語り継がれています。

また、お店の入口の「盛り塩」もその一つです。昔、中国では皇帝が大勢の妃を持っていたのですが、皇帝の寵愛《ちょうあい》を望んだある妃が一計を講じました。皇帝を乗せた牛車が自分の家の戸口に止まるように、牛が好きな塩を戸口に盛り塩にしたのです。すると牛が歩みを止め、皇帝の寵愛を過分に受けたという故事があります。こうして盛り塩が、お客の足を止める商売のゲン担ぎとして日本にも伝わってきたといわれています。さらに古代ローマでは、兵士の給料が塩で支給され、サラリー（給料）とは、ラテン語で塩を意味するサル（Sal）に由来するともいわれています。

聖書にも塩のことがたびたび出てきます。マタイ福音書五章13節に、

「あなたがたは地の塩である。だが、塩に塩気がなくなれば、その塩は何によって塩味が付けられよう。」

とありますし、マルコ福音書九章50節に、

「塩は良いものである。だが、塩に塩気がなくなれば、あなたがたは何によって塩に味を付けるのか。自分自身の内に塩を持ちなさい。そして、互いに平和に過ごしなさい。」

とあります。

イエスはどんな意味で塩をたとえに使われたのでしょうか。

塩は食べ物の腐敗を防ぎ、料理の味付けには欠かせないものです。イエスが弟子たちに、

地の塩であれと言われたのは、この世の腐敗を防ぎ、清める役割を求めるものでした。ただ、イエスの時代は、塩は高価なもので、貧しい人々には塩は手に入れにくく、ふだん彼らが使っていたのは塩を含んだ泥のかたまりで、これを食卓に置き、浮き上がってきた塩の結晶を摘み取っていたようです。イエスは、塩に塩気がなくなれば「もはや、何の役にも立たず、外に投げ捨てられ、人々に踏みつけられるだけ」（マタイ五の13）と言われましたが、当時は日常的な光景だったようです。

こうしてみますと、イエスは地の塩のたとえから、この乱れた世に塩気をもって腐敗を防ぎ、この世を清める力となってほしい、そう伝えたかっただろうと思われます。

また、「味噌に入れた塩はよそへは行かぬ」という諺もあります。ここで大事なことは、味噌に加えた塩はやがて見分けられなくなるが、そこにこそ塩の本当の存在価値があるということではないでしょうか。

さらに、ある方から、「地の塩」が良い意味ばかりとはいえないと教えられました。イエスが活動した地方は岩塩の層が多く、塩分の含有量も高く、作物が育たない不毛の土地でした。そうした土地では塩はありがたくない存在で、地の塩となると、「いやなもの」という意味も無視できず、したがって、地の塩の意味するところは、「まず自分が嫌われ者となれ、あえて地の塩のようになって、自分が非を受けよ」という意味ではないかというのです。

「地の塩」のたとえは、イエスが山上の説教をした際、「幸いな人々」に触れた後に語られています。その「幸いな人々」の最後には、

「わたしのためにののしられ、迫害され、身に覚えのないことであらゆる悪口《あっこう》を浴びせられるとき、あなたがたは幸いである。」（マタイ五の11）

とあります。

迫害され、悪口を言われたものが幸いであるとはにわかに信じがたい言葉ですが、先ほどのつながりで考えてみますと、「まず自分が嫌われ者になって、非を受けよ」ということと、どこか深いところで結びついているのではないだろうかと思えたのです。こう解することは、私には新鮮な驚きでした。ただ、こうした見方は聖書が持つ多面性として受けとめておきたいと思います。

いのちは現れました

いのちは現れました。われらはこの永遠のいのちを見、証《あかし》し、あなた方にお知らせします。
（第1ヨハネ一の2）前田護郎訳

ふとしたことから教会に誘われて訪れたとき、その教会の方から「何か宗教を信じていますか？」と聞かれたので、「無教会の集まりで聖書を学んでいます」と答えました。すると、「聖書で最も大切なことは何だと思いますか？」と尋ねてきたので、私は返答に戸惑いました。しばらくして「十字架でしょうか」と答えると、その方は「聖書で一番大事なのは永遠の生命ですよ」と話し始めました。

私は自分の返答が否定された気持ちになりました。そして、永遠の生命が大事とは思うものの、内心では、十字架と復活が聖書の神髄ではないか、永遠の生命と十字架はどちらも大事ではないのか、さらにこんなことなら教会に行かなければよかった、との思いが心に残りました。

そんなとき、「いのちは現れました」という聖句が目に留まりました（第1ヨハネ一の2）。この言葉は、シンプルで、素直に心に響いてくるものを感じたのです。

また、聖書にある「いのち」には、肉体的・精神的に限りあるいのちを意味する言葉（ギリシャ語でプシュケー　psykhē）と、根源的・霊的ないのちを表す言葉（ギリシャ語でゾーエー　Zōē）とが使い分けられているようです。例えば、ヨハネ福音書三章16節には、「神は、その独り子をお与えになったほどに、世を愛された。独り子を信じる者が一人も滅びないで、永遠の命を得るためである」とありますが、これはゾーエーを表します。ヨハネ福音書一四章6節にある「わたしは道であり、真理であり、命である」は、根源的・霊的ないのちを表わす言葉として伝えられているそうです。

そこで、いのちについて学び直そうと思い、アメリカでベストセラーになった『ゲノムと聖書』、副題が「科学者〈神〉について考える」（NTT出版）という本に出会いました。

著者はフランシス・コリンズというアメリカ人で、国立ヒトゲノム研究所の所長を務め、自らの研究活動ですら礼拝行為であると言い切るほどの方です。著者によると本書出版の目的は、現代の科学の理解が神を信じる信仰と如何に調和できるかについて熟考することです。

フランシス・コリンズは本書で「創世記は本当は何を語っているのか？」という点に触れ、創世記が神の創造の物語を力強く、また詩的に記述するものであることは疑いないといいます。そして、初めに神が天と地を創造したという創世記の記述は、「神が古《いにしえ》から存在していたことを示唆」し、しかもこの記述はビッグバンの科学的知見とも矛盾しないと言い切っています。またフランシス・コリンズは、

「聖書の神は、ゲノムを造った神でもある。神を礼拝することは、大聖堂でも研究室でもできるのだ。神の創造は壮大で、畏敬に満ち、複雑で、美しい。真理同士が互いに争うことなどできない。そのような戦いを始めたのは不完全な我々人間なのだ。そして、それを終結できるのも我々人間だけなのである。」

と述べており、私は共感を覚えました。

フランシス・コリンズは、こうも主張しています。

「科学は神によって脅かされることはありません。むしろますます進展します。神もまた、科学によって脅かされることは決してありません。神がその創始者だからです。ですから、あらゆる偉大な真理を、知的にも精神的にも満足のいく方法で統合するための確固たる足場を共に取り戻そうではありませんか。」

冒頭で、聖書で最も大事なことはと聞かれた私は十字架と答え、教会の方は永遠の生命と話されたと記しました。確かに十字架は死を意味するもので、命とは真逆かもしれません。しかし、中心にイエスを置いてみるとどうでしょうか。十字架の死と永遠の生命は真逆どころか、どちらも真理で、フランシス・コリンズの言葉を借りれば、真理同士が互いに争うことなどできないのではないでしょうか。

「聖書の神は、ゲノムを造った神でもある。」

「神の創造は壮大で、畏敬に満ち、複雑で、美しい。」

フランシス・コリンズのこの言葉を「いのちは現れました」という言葉に重ね合わせて受けとめたいと思います。

あと先の逆

このように、後にいる者が先になり、
先にいる者が後になる。
（マタイ二〇の16）

還暦を迎えた時のことです。娘たちが食事に誘ってくれました。久しぶりに家族四人で外食。記念写真にもおさまりました。そこまでは良かったのですが、その後がいけません。私はつい気持ちが高ぶり、家内を隣にして、「俺があってのおまえだね！」と言ってしまったのです。すぐに気づいて言い直したのですが、もはや手遅れ。娘は本音が出たと言って、早速、ブログにアップ。ついうっかり、あと先を逆にしたがゆえに、とんだ還暦祝いとなってしまいました。

ところで「あと先の逆」は聖書にも出てきます。とくに「ぶどう園の労働者のたとえ」

が印象に残ります（マタイ二〇の1以下）。ぶどう園の主人が、収穫のために労働者を雇うのですが、朝早く雇った者も、正午ごろに雇った者も、はては夕方五時ごろに雇った者も同じく一日一デナリの報酬を貰ったのです。それを見ていた最初の者が、この最後の者は一時間しか働かないのに、と不平を言います。すると雇い主は、私はこの最後の者にもあなたと同じように支払ってやりたいのだと言い、天国とはこういうものだと言ったという話です。そして、このたとえの締めくくりに、イエスが「後《あと》にいる者が先になり、先にいる者が後になる」と語っています。

確かに朝から働いた者と夕方から働いた者が同じ報酬とは、この世的には不公平に映ります。しかし、ここではただ労働と報酬の関係を取り上げているのではないでしょう。最後に雇われた人は、夕方になるまでだれも雇ってくれなかったと答えています。ここでは、こうした人に目を向けることの意味が問われていると思うのです。

また、「ぶどう園の労働者のたとえ」の直前に、弟子のペトロがイエスに対し、「このとおり、わたしたちは何もかも捨ててあなたに従って参りました。では、私たちは何をいただけるのでしょうか」（マタイ一九の27）と問いかけています。ペトロにして然りです。自分の働きに対して、報酬として何をもらえるか、ペトロも報酬のことが頭の中をよぎっていたのだと思います。さらにイエスは、ここでも「先にいる者が後になり、後にいる者が先になる」と語っております。

私はあらためて「この最後の者にも、あなたと同じように支払ってやりたいのだ」（マタイ二〇の14）という雇い主の思いを忖度《そんたく》しました。すると、雇い主の思いは夕方から働いた者に向いていることに気づかされたのです。イエスが言いたかったことは、夕方から働いた者にも、一デナリを払うことで、天国のありようを伝えようとしたのではないだろうかということでした。

私はこのたとえから自分の立ち位置が問われている気がしました。聖書を学んで約半世紀、その間の自分の歩みを振り返ると、何と不信仰な職業人生だったかと反省しきりです。まさに「五時から男」のようなものでした。しかし、そうした者にも、貨幣の最低単位の一アサリオンではなく、一日の生活費に相当する一デナリ（一〇アサリオン）をくださる。報酬としてではなく、恵みとして与えてくださる。その意味でこのたとえは、天国とはどんなところかを伝えてくれていると思えたのです。

ぶどう園の労働者のたとえは一日になっていますが、私はこれを人の一生におきかえてみました。すると、人生のさまざまな年代にあって、早いうちから信仰に目覚める人や、人生の半ばから信仰に生きる人々もいる。あるいは機会に恵まれず、ようやく夕方五時ごろ、すなわち人生の後半にさしかかってからの人もいる。しかし、いちばん後からの者にも早朝から働き始めた人々と同じだけの恵みが与えられる。それが天国の姿かも、と連想してみました。

イエスはほかでも「あと先の逆」に触れています。弟子たちに対し、あなた方のなかで偉くなりたい者は皆に仕える者になり、いちばん上になりたい者は皆の僕《しもべ》になりなさい、と語っています（マタイ二〇の26〜27）。また、安息日に麦の穂を摘み始めた弟子たちを責めたファリサイ人には、「安息日は、人のために定められた。人が安息日のためにあるのではない」と諭しております（マルコ二の23〜28）。

こうしてみてきますと、イエスの生涯は、あと先の逆を行くことのように、私には思えるのです。

どこにいるのか

主なる神はアダムを呼ばれた。
「どこにいるのか。」
（創世三の9）

「どこにいるのか」、この言葉は創世記三章の楽園の喪失に出てきます。主なる神が食べてはならぬと禁じた木の実をアダムとエバが食べると、二人の目が開け、裸であることを知り、イチジクの葉で腰を覆った話です。そこへ主が近づくと、二人は恥ずかしさから身を隠しますが、主はアダムを呼び「どこにいるのか」と問いかけますと、裸だった自分たちを恐れて身を隠したと白状するのです。

また、この言葉は創世記四章にも出てきます。主への献《ささ》げ物に起因し、兄のカインが弟アベルを殺してしまいます。これに対し主は、カインに「お前の弟アベルは、どこにいるのか」と問いかけますが、カインは知りませんと嘘を言い、弟を殺害したことを否定するのです。

月本昭男さんは『創世記注解1』（日本基督教団・宣教委員会）で、この言葉は神に呼びかけられる人間の姿を印象づけるものだとしたうえで、次のようにコメントしています。

「神からの呼びかけによって、人間は神に背く自らの姿を認識した。自らの背きの罪を認識して、神に立ち帰ったのではない。むしろ神の呼びかけによって、しかも『あなたはどこにいるのか』という最も単純な呼びかけによって、人間は神から隠れようとする自己を認識させられるのだ。この単純な神からの問いかけが、人間の裸の存在を照らし出す。」

私はここに信仰の本質が語られていると思いました。

私の率直な感想ですが、本来、原初史は人間の存在や始原を明らかにすることにあると思います。しかし、聖書にはこれが原初史かと思えるような話が出てきます。主が食べてならぬと言われた命令に背いて善悪を知る実を食べたり、さらには神への献げ物をめぐり兄と弟が対立して弟を殺し、それを主に問われると、知らないと嘘を言うなど、人間としてあるまじき行為が描かれています。そうしたことを背景に、「どこにいるのか」という言葉が発せられたのです。

月本さんは、そもそも人間だけが神から直接語りかけられ、神の言葉を聴きうる存在であるとしたうえで、さらにつづけます。

「人間は神に背を向けるとしても、地上世界に対する神の肯定的意思は『共に歩む』人間をとおして実現されるのである。」

月本さんは人間を肯定的に解釈しているのです。そのうえで、エデンの園を追放された人間に対しても「神と共に歩む」という可能性が開かれており、神の声に聴き、神への信頼のなかに生きうるのだ、としています。さらに、

「人類の失敗と挫折の物語を繰り返す原初史であるが、その全体は、必ずしも人間に対する悲観主義的色調をもって彩られてはいない。……原初史は、『罪』の歴史のただ中でなお人間が神ヤハウェの名を呼び得る可能性を示唆する。」

とコメントされており、私は共感をいだきました。

ドイツの女流詩人ヒルデ・ドミーンに、「この人を見よ」という詩（『イエスとは誰か？』教文館）があります。

彼を待ち望む思いにくらべれば
人間的な望みなど小さなものである
いつでも片腕を
のばしているだけだ

十字架につけられた者だけが
両腕を
大きく広げて言う
ここにわたしがいる、と

作者は一九一二年、ドイツに生まれ、ヤスパースの講義を聴き、その後ベルリンでの学業の間にヒットラーの演説を聞いたようです。そこでナチス政権の災いを察知し、国外で教鞭をとった、まさに亡命詩人でした。

私はこの詩に接し、「どこにいるのか」という言葉と結びつけて考えました。主から遠ざかろうとする人間に対して主が呼びかけた「どこにいるのか」という言葉の後に、ヒルデ・ドミーンの「ここにわたしがいる」との言葉を続けてみると、さらに強い神の意思が感じられるように思えてきました。

しかも創造のはじめに「どこにいるのか」と呼びかけた神が、今度は今を生きる私たちに、イエスを介して「どこにいるのか、ここにわたしがいる」と、そう呼びかけているように思えたのです。

私はヒルデ・ドミーンの短い詩をとおして、たとえ人間が神に背いたとしても「神と共に歩む」という可能性が開かれており、神の声に聴き、神への信頼のなかに生きうるのだという月本さんの言葉に、今を生きる意味を感じました。

時と期に思う

父が自らの権威のうちにお置きの時と期間は
あなた方の知るべきことではない。
（使徒一の7）前田護郎訳

使徒言行録一章6節には使徒たちが集まってイエスに尋ねる場面が出てきます。「主よ、イスラエルのため国を回復なさるのはこの時ですか」と。これに対しイエスは、「父が自らの権威のうちにお置きの時と期間はあなた方の知るべきことではない」（使徒一の7）と答えたことが記されています。ここでは弟子たちが神の国の完成がこの時ですかと尋ねたのに対し、イエスは時や期間は父の権威のうちにあり、人の知るべき範疇でない、と答えているのです。イエスの発言は、「時」あるいは「期間」というのは神のみぞ知りうるもの、との考えを示しています。

前田護郎先生は使徒言行録一章7節の注釈で、「神の国の完成が迫ったことを意識しつつ、その時について人間的思弁をせず神にゆだねたところにイエスの終末観の特徴がある」（『新約聖書』前田護郎訳、中央公論社）と記しています。世界の終末、国の終末、さらに人の終わりの時などは、私たちには避けることのできない現実問題でもあります。それだけに、その時がいつなのかと、つい口にしてみたい気がします。一方、聖書はその「時」については神のみぞ知る、それは神の権威のうちにあるもので、人間的な思いを超えたものである、と示しており、これは実に冷静な見方ではないでしょうか。

また、ヨハネ黙示録には復活の王国が地上に出現するという希望が描かれています。著者のヨハネは新約聖書の中でただ一人、地上において復活の王国が出現するという希望を表明した人物であるとされています。そこには世界の終末の前にキリストが再び来て、殉教者たちとともに千年の間、地上を治めるという千年王国の思想が描かれています。このことはヨハネ黙示録二〇章に出てきます。とくに1節～7節には千年という言葉が六回も出てきます。前田先生によると、

「いわゆる千年期あるいは千年王国、すなわち世の終わりにおける中間的、過渡的なメ

シア王国の思想である。ユダヤ教の黙示文書では千年という長さ、あるいは王国の輝きなどについて種々な思弁がなされているが、ヨハネ黙示録は冷静である。新約全体にキリストの来臨による新しい神の国の受容（第2コリント五の17）と救いの完成への希望（ローマ八の23以下）とが入り交じっている。」（同訳書のヨハネ黙示録二〇の2の注釈）

前田先生はこのように述べ、聖書における終末は世の終わりではなくて、キリストの再臨である、そのことを黙示録が冷静に記述をしていると指摘しています。

いずれにせよ、すべてのわざに時があり、期間がある。しかもそれは神の権威のうちにあるものであって、人間の与《あずか》り知るものではないということは、イエスの終末観の特徴といえるのではないでしょうか。第2ペテロ書三章8節には、「主のもとでは一日は千年、千年は一日のごとくです」とあり、しかも、続く9節には「主はある人々が遅いと思うように約束を遅らせておいでではなく、あなた方に寛容であって、だれも滅びず、万人が悔い改めへ至ることをお望みなのです」とあります。二十一世紀ミレニアムを経験したものとして、今まで世の終わりが来なかったことに感謝し、救いの完成の時を神に委ねるということを肝に銘じておきたいと思います。そして第2ペテロ書の最後は「今も永遠《とこしえ》の日にも、栄光が彼にありますように。」と締めくくっていますが、今という「時」、さらには永遠という「期《とき》」、そこに神の働きを感じる者でありたいと願います。

私はあらためて、その日その時は誰も知らないこと、長いとか短いとか、あるいは早いとか遅いとかは人の思いにすぎないことだと感じました。今の世の中はスピード重視の時代です。早く答えを出さないと取り残されてしまうという不安感が優先しがちな時代です。時や期を自分でコントロールしなければならないと躍起になる場面も見られがちです。しかし、一方で、時が味方してくれることもたくさんあります。急いで結論を出す必要はありません。「時が解決するという言葉に神意を感じます」と話された方がおられましたが、私もそのことを頭の隅においておきたいと思います。

レスパイト・ケア

安息日を心に留め、
これを聖別せよ。
（出エジプト二〇の8）

レスパイトには一時的中断や小休止といった意味があり、レスパイト・ケアとは障がいを持つ子を抱えている家族が、一時的にでも介助を誰かに代わってもらうことをいいます。介護者や介助者が心身をリフレッシュしたり、生活を維持したりできるように家族を援助するサービスのことです。ただし、必ずしも明確な定義があるわけではなく、最近はお年寄りを家庭で介護する家族にもレスパイト・ケアの必要性が叫ばれるようになりつつあります。

聖書では「休む」ことについてどう伝えているのでしょうか。

出エジプト記二〇章8節以降には「安息日を心に留め、これを聖別せよ。六日の間働いて、何であれあなたの仕事をし、七日目は、あなたの神、主の安息日であるから、いかなる仕事もしてはならない」とあります。しかもこれに続いて、このことは息子も娘も、男女の奴隷も、家畜も、あなたの町の門の中に寄留する人々も同様である、と記されており、その徹底ぶりは驚くほどです。安息日を守ることは、選ばれた特定の人々だけでなく、奴隷や家畜に至るまで共通すると言いきっているのです。

モーセがヘブル人をエジプトから導き出した、いわゆる出エジプトは紀元前千二百年も前のことです。すでにこの時代に、安息日を覚え、七日目には休みなさいという教えが民に示されたということに驚きます。

前田護郎先生は月刊誌『聖書愛読』(一九六七年一月)の巻頭言に、「勤労と安息」という一文を掲載しています。そこでは、

「なんじ勤勉なれといって七日間通して働かされる律法でなくて、休めという命令形のうちに何と温かい救いへの方向づけがあることでしょう。労働基準でなくて、安息基準こそ現代の社会を明るくすると思います。」

と述べて、安息の重要性を指摘しています。まさに今の時代に必要な発想であり、具体的

な施策が求められると思います。さらに前田先生は、「イエスは全生涯をもって、さらに深い安息の意味を教えておられます」と指摘します。当時の形式化された安息の規則を破って、安息日にも愛の業《わざ》をされたイエスは、「労するもの、重荷を負うものを休ませてあげよう、私の軛は軽い」（マタイ一一の28以下）と述べられます。先生は、この「招きの何と意味深いことでしょう」と、読者に安息の意味を考えるよう促しています。

イエスという方は、安息日の主として、自分は働いてでも苦しむ人々にレスパイトを与える人でした。イエスにとって、深い意味で、安息とは自らを犠牲にして苦しむ人のために働くことであり、たとえ安息日でも、当時の禁を犯してでも、罪に悩み病に苦しむ人々を癒すこと、それこそイエスにとっては、深い意味での安息、真のレスパイトであったと思います。

ＮＨＫの「介護百人一首」（二〇一一年）に選ばれた短歌に、次のような一首がありました。

年寄りは生きてるだけで為になる。主治医の言葉に卒寿を生きる。（栃木県　川村シゲ）

卒寿とあるので九十歳になられた方でしょうか、詞書きを拝見しますと、

「思わぬ病気で寝たきりの生活が半年近く続いたとき、医師にこう励まされました。以来、九年近くお世話になっていますが、おかげさまで室内は車椅子で動けるようになりました。」

とあります。私はこの歌が心に沁みます。

イエスは生涯、弱い人々の友となり、重荷を負う人を休ませ、自ら癒すこともされました。この歌にある、生きているだけで為になると主治医が言ったことで、どんなに慰められたことか。苦しむ人々への癒しを続けられたイエスの安息に通じるものを感じました。

恩恵のお福分け

わたしには金や銀はないが、
持っているものをあげよう。
（使徒三の６）

「お福分け」という言葉は、前田護郎先生がお好きな言葉でした。前田先生は月刊誌『聖書愛読』の創刊号の巻頭言で次のように記しております。

「美しい大和島根の同胞とともに母国語で聖書を学びたいという気持ちは強くなるばかりです。至らないわたくしですが、学的には世界の最高水準を目ざしつつ、平信徒として、できるだけ平易な形で恩恵のお福分けをさせていただきたいと思って筆をとりはじめます。」

「恩恵のお福分け」、響きのいい言葉ですね。喜んで学んだ真理を恩恵として受け、さらにその喜びを同信の友と分かち合う。おそらく前田先生は、聖書の学びは神様からいただいたもので、「日曜聖書講座」や『聖書愛読』誌は、学びから得た喜びを恩恵として分かち合う機会ととらえていたのではないでしょうか。学問的には世界最高水準を目指しながらも、平信徒としてできるだけ平易な形で恩恵のお福分けをさせていただくという先生のお気持ちが伝わってくるように思います。

私は「お福分け」という言葉から「五千人のパン」の話（ヨハネ福音書六の11〜14）を連想しました。ここではどのようにして五千人にパンが行き渡り、クズを拾うと一二篭にもなったかについて、事の経緯に触れません。しかし、前田先生によりますと、要するに何らかの愛のわざが働いて、たとえわずかな食糧であっても、感謝と喜びをもって大勢の人々が分かち合えたと伝えています。

この分かち合う喜びは、「奪いあうと足らないけど、分け合うとあまっちゃうんだなあ」（『生きていてよかった』角川文庫）という相田みつを氏の言葉によく表れています。

聖書にはお福分けの精神がみなぎっています。とくに、足の不自由な男の話が私の心に残っています。こんな話です（使徒三の6以下）。

ペトロたちが宮詣でをしようと宮の門に入るときのことでした。そこには生まれつき足の不自由な男がいて、宮詣での人々にしきりに施しを乞うておりました。ペトロが彼を見つめていると、彼は何かもらえると思い、じっとペトロたちを注目していたようです。そこでペトロは足の不自由な男に答えました。「わたしには金や銀はないが、持っているものをあげよう」。ペトロはそう言って、「ナザレの人イエス・キリストの名によって立ち上がり、歩きなさい」と話しかけました。するとその男は立って歩いたというのです。

私はペトロの言葉に注目しました。足の不自由な男に対し、イエス・キリストの名で歩きなさいと言ったペトロはその少し前にはイエスの弟子でありながら、十字架につけられたイエスを知らないと否んだ人物です。しかもそれが一度ならず三度に及んだというのです。ペトロは自分の言動を恥じたことでしょう、人目をしのんでさめざめと泣いたと聖書は記しています（マタイ二六の69〜75）。しかし、そうしたペトロにも、やがて復活したイエスにまみえることが許されたのです。

こうしたペトロですが、生まれつき足の不自由な男を前にして「金や銀はないが、私にあるものをあげる」と言って、イエスの名を示しました。どうでしょうか、このことはペトロにとって「恩恵のお福分け」といえるのではないでしょうか。一度はイエスを知らないと否定したペトロが、イエスの十字架と復活を経て、今度は自分が足の不自由な男に対し、ナザレの人イエスとともに歩みなさいと言って、自分の力で立って歩くという喜びをお福分けしたのです。

自分自身を振り返りますと、宮の門で施しを乞うていた足の不自由な男は、何を隠そう、私自身の姿のようにも思えてきたのです。イエスは生前、受けるよりも与えるがさいわいであることを伝え、実践された方でした。「恩恵のお福分け」、このことばを心に留めたいと思いました。

ザアカイよ

ザアカイ、急いで降りて来なさい。
（ルカ一九の5）

「ザアカイ、急いで降りて来なさい」。これはイエス一行がエルサレムへ向かう途中、エリコの町で、イエスがザアカイに呼びかけた言葉です。取税人の頭《かしら》を務めていたザアカイは、イエスが一体どんな人物か、この目で確かめようとしたのですが、背が低かったこともあり、高い所から見ようとして桑の木に登ったとあります。

桑の木に登ってイエスを待ち構えるザアカイの姿は、ややユーモラスな感じがします。おそらく人づてにイエスの噂を聞いていたのでしょう、何とかしてイエスを見たいといった切実さが伝わってきます。

ところで、取税人といえば当時、ユダヤ人から嫌われる存在でした。その仕事はローマ政府の手先となり、ユダヤ人たちから税金を取り立てる仕事だったからです。しかも、ローマ政府が要求する一定額を納めれば、あとは自分の腕次第で自らの収入にすることができたようです。ですから、ザアカイは取税人の頭として相当の利幅を取って、私腹を肥やしていたと思われます。

さて、イエスは桑の木に登ってイエスを待ち構えていたザアカイに、「ザアカイ、急いで降りて来なさい」と呼びかけ、さらに「今日は、ぜひあなたの家に泊まりたい」と伝えました。どうして自分の名前を？　どうして自分に声を？　ユダヤ人から嫌われる存在だったザアカイの驚きは尋常ではありませんでした。おそらくイエスご自身、何らかの方法でザアカイを知ったのでしょう。ご自分からザアカイに呼びかけたのです。

イエスがザアカイの家に入ると、周りにいた人々は、イエスが罪びとの家に入り、客となったと非難します。ところがザアカイは急いで降りてきて、立ち上がってイエスに、自分の財産の半分を貧しい人々に施し、また、人からだまし取っていたなら四倍にして返しますと言って、罪の悔い改めをするのです（ルカ一九の1～8）。

私はザアカイが「立ち上がって」とあることに着目しました。ザアカイは悔い改めの言葉をイエスに伝えようとしたとき、イエスの前に立って話したのです。立つというのはとても大事なことではないでしょうか。

英語にUnderstand（理解する）という言葉があります。これはunderとstandに分けられます。この言葉には「下に立つ」という意味があるのでしょうか？　と英語学者の上田明子先生に尋ねたところ、上田さんは、Underには「下に」という意味もありますが、「ともに」という意味でも使われますと教えてくださいました。

私はUnder-standを「ともに立つ」という意味に受けとめ、ザアカイの話と重ねてみました。イエスが取税人ザアカイに声をかけ、ザアカイは不安定な桑の木の上から降りてきて、イエスと同じ地面に立ったこと、そこに二人の間に、Under-stand、共通理解が生じたのではないでしょうか。あらためて「立つ」ことの大切さを思いました。

ザアカイが不安定な桑の木から降り、地に立ったとき、そこにザアカイの新しい人生が始まったのです。ザアカイの回心、すなわち心の向きを変えることが、イエスの前で立って語られたのです。これに対し、イエスは「今日、救いがこの家を訪れた。この人もアブラハムの子なのだから。人の子は、失われたものを捜して救うために来たのである」（ルカ一九の9～10）と語っています。

ザアカイにしてみると、イエスを見ようとして来たのは、必ずしも罪の自覚をもって来たわけではなかったと思います。むしろ噂で知っていたイエスという人物がどんな人なのか、一度確かめたいとの思いからでした。そうしたときに、まず、イエスのほうから「ザアカイよ」と呼びかけたのです。

こうしてみますと、イエスが「ザアカイよ」と呼びかけたことで、ザアカイは驚きとともに、初めてありのままの自分に気づかされたのではないでしょうか。

4 いのり

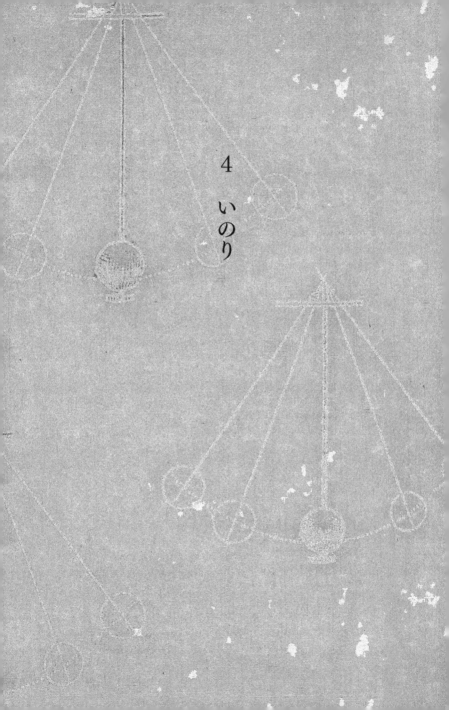

祈りは聞かれるものですか

泣きながら夜を過ごす人にも
喜びの歌と共に朝を迎えさせてくださる。
（詩編三〇の6）

ある方から、大村はまさんという元国語教師が書いた『灯し続けることば』（小学館）という本を紹介されました。そこには内村鑑三のエピソードが載っていました。病気の子供を持つ女性が内村先生に、「祈りは聞かれるものですか」と尋ねたというのです。大村さんは「本当にびっくりしました」と記しています。

「内村先生は、どうお答えになるのでしょう。

聖書には『祈りは聞かれる』と書かれています。聖書を信じ、聖書とともに生きていらした内村先生が、その聖書のことばを否定するようなお答えをなさるわけがありません。しかし、もし祈りがすべて聞かれるなら、死ぬことがなくなったり、テストで百点ばかりとれたり、ほしい物が全部手に入ったりすることになります。ですから、この質問には、肯定も否定もできないだろうと、私は読みながらどきどきしていました。

内村先生のお答えはこうでした。

『祈って祈って祈り抜きなさい。聞かれても聞かれなくてもいい世界が開かれるでしょう』。」

大村さんはこの言葉に心を打たれたそうです。この言葉には、祈り抜くという切実さ、ひたむきさが感じ取れます。私も大村さん同様、心を打たれました。

ところで、内村は祈りについて、多くの文章を残しております。なかでも「聞かれざる祈祷」という一文（『内村鑑三信仰著作全集　第16巻』教文館）は、著者の代表作の一つに数えるべきもので、内村の愛娘、ルツ子の死に直面した後に書かれたものです。

内村はまずモーセに触れます。エジプトを出て四〇年間、荒れ野をさまよい、死ぬ前にヨルダン川を渡り、カナンの地を見ることを祈ったモーセに対し、主なる神は、「お前はこのヨルダン川を渡って行けないのだから、自分の目でよく見ておくがよい」（申命三の27）と言って、モーセの祈りを神が拒絶したことを伝えます。

次いで、パウロの切なる祈りに触れ、パウロは一つの刺《とげ》が取り除かれることを祈ったとあります。しかもその刺は、肉体の苦痛のみにとどまらず、伝道妨害と感じるほどのもので、パウロから離れるよう祈ったけれども、主の答えはすげなく、私の恵みはあなたに十分であるとして、パウロの祈りも聞かれなかった（第2コリント一二の7〜9）ことを伝えます。

さらに内村は、イエス・キリストにも聞かれない祈りがあったことに言及します。十字架を前にし、ゲッセマネの園で血のしたたるごとく祈る祈りも、父なる神の聞き入るところとはならなかったと。しかも、内村は、こうも言っているのです。「しかり、祈祷の聞かれないことが、その真に聞かれることである」と。

ここまで言い切ることは、なかなかできるものではないと、率直に思います。

こうして内村は、モーセ、パウロ、さらにイエスに言及した後、最後に

「余もまた近きころ、聞かれざる祈祷のつらき喜ばしき経験を持った」

と前置きして、娘ルツ子の死に言及します。

内村は娘ルツ子の病を前にし、ヤイロの娘が治ったとされるなど、祈りに力がある聖書の言葉を繰り返し読み、熱心に祈りました。しかし、ヤイロの祈りは聞かれたが、余の祈

りは聞かれなかったと失望し、祈祷の効力を疑ったと記しています。しかし、その一方で、内村は、時を経て十字架上のイエスの叫びに思いをいたし、最後には「余に聞かれざる祈祷のあるは、神が特に余を愛したもう最も確かな証拠である」と言い切っているのです。

こうして内村は、聞かれる祈りではなく、聞かれない祈りのあることは、神の愛の秘訣であり、信仰の深いところを知ることができたという祈祷観に至るのです。これは内村が愛娘ルツ子の死に直面した時に書かれたものだけに私は心を打たれました。

非接触の恵み

それから、トマスに言われた。
「あなたの指をここに当てて、わたしの手を見なさい。」
（ヨハネ福音書二〇の27）

新型コロナ禍で、検温はマスク着用や手指消毒と並び、重要な感染防止策とされてきました。また、テレワークやソーシャル・ディスタンスといった、人の移動や交流が制限される非接触の施策もとられてきました。検温にいたってはこれまでとは様変わりで、脇にささずとも体温が測れる非接触タイプのものが急拡大しました。

周囲をみますと、非接触型の製品やシステムが急速に増え、直接、体に触れることなく操作できる生活環境が広まってきました。自動車のインテリジェント・キー、出入口のオート・ドア、さらにエレベータの非接触ボタンやセルフ・レジしかりです。先日、あるご老人がオート・ドアではないドアの前に立ち、ドアが開くのを待つ姿を見かけましたが、何かほほえましくさえ感じました。

ところで、非接触ということから、私は聖書にあるトマスと復活の記事（ヨハネ福音書二〇の24以下）を想い起こしました。

イエスの死後、弟子たちが集まっている場所に復活のイエスが現れます。しかし、そのとき、そこに居合わせていなかった十二使徒のひとりであるトマスは、「あの方（イエス）の手に釘の跡を見、この指を釘跡に入れてみなければ、また、この手をそのわき腹に入れてみなければ、わたしは決して信じない」と言って、イエスの復活を信じようとはしませんでした。トマスにとって、イエスの傷跡に触れることなしにイエスの復活は考えられませんでした。イエスの傷口に触れることがイエスの復活を確信できる根拠だったのです。

八日ののち、イエスの弟子たちがまた家の中におり、トマスも一緒にいたとき、戸はみな閉ざされていたが、イエスがはいってこられ、トマスに声をかけられます。「あなたの指をここに当てて、わたしの手を見なさい。また、あなたの手を伸ばし、わたしのわき腹に入れなさい」と。こうしたイエスに対し、トマスは「わたしの主、わたしの神よ」と答えたと記されています。このイエスの言葉は、トマスにとっては疑いを信仰に変える言葉となったのです。　私が思いますに、ここまで言われたイエスに対して、おそらくトマスは、イエスの手や脇に触れることなく、イエスの復活を信じたのではないでしょうか。私などはトマスと同様の疑いをもつ一人です。しかし、聖書には、直接触れずともつながりあえる大切なものが示されているのではないでしょうか。

私は、それが「祈り」であると思います。祈りは、私たちに与えられた信仰の恵みであり、非接触の宝物とはいえないでしょうか。

月本昭男さんは、ドイツの宗教学者ハイラーの次の言葉を紹介しています。

「祈りは人間と神との生きた交わりである。祈りによって人間は、直接、神に触れ、神との人格的な関係に至る。」

そのうえで、

「もし、これに補うことが許されるとすれば、……祈りは神との対話である。それは罪に染まった自己を見つめさせ、新たな生を拓《きりひら》く神との対話である。」（『旧約聖書に見るユーモアとアイロニー』教文館）

と記しています。

私には、祈りが神との対話であり、しかも罪に染まった自己を見つめさせる神との対話であるとの言葉が心に残りました。祈りは本来、神との一対一の縦の関係が基本です。しかも人を介しないで直接、神を相手に自分の苦しみや悩みを打ち明け、罪の赦しをこう。人を介さずに、直接、神に祈ることが大事だと思いました。それが罪に染まった自分を見つめさせ、新たな生へと道を切り開いていくことだと受けとめたのです。

私たちは一時期、新型コロナの影響から、非接触が推奨され、共に会して祈ることが難しい経験を経てきました。しかし、祈りは非接触の恵みであり、隠れたところにおられる神に祈ること（マタイ六の6）の意味を再認識したように思います。

驚くことはない

驚くことはない。あなたがたは十字架につけられたナザレのイエスを捜しているが、あの方は復活なさって、ここにはおられない。(マルコ一六の6)

マルコ福音書一六章5節によりますと、十字架にかけられたイエスが復活した朝、女性たちがイエスの墓に近づくと、白い着物を着た若者が坐っていて、女性たちはひどく驚いたとあります。これに対し若者は「驚くことはない。あの方は復活なさった。ここにはおられない」と言ったと記されています。「若者」との表現になっていますが、実際は天使の介在を意味する表現方法です。

若者は「驚くことはない」と言ったとありますが、三日前に十字架につけられ、いったん墓に葬られた方が復活したというのですから、その女性たちの驚きやいかばかりだったか。マルコ福音書には女性たちはふるえて我を失い、墓から逃げ去ったと記されています。

さて、量子物理学者であり、英国国教会の司祭であったＪ・ポーキングホーンは、こんな復活観を示しています（『自然科学とキリスト教』本多峰子訳、教文館）。そこでは復活の信憑性を考えるにあたり、二つの指摘がなされていました。一つは「復活の証拠はあるだろうか」ということ、もう一つは「復活が意味をなすだろうか」ということでした。この二つが問うべき基本的な問いだといいます。なかでも私には次の言葉が心に響きました。

「復活というのは、ただ生き返ったのとは違います。ただ死体が生き返っただけならば、もう一度死ぬでしょう。けれども復活は、栄光の、永遠に続く新しい命の形への変容なのです。甦りのキリストは、もはや、歴史に拘束されることはなく、それでいて、彼の復活は、歴史の中に先触れを残したのです。」

著者は、四つの福音書のキリスト復活物語にはかなりの差があるものの、そこには意外な共通点があることに触れ、その共通点とは、「甦りのキリストをそうと認めるのが、たやすいことではなかったということ」であると指摘しています。最初は誰だか分からなかったのが、その後、「啓示」という心の変化を通してそれがイエスであるということに気づかされたというのです。しかも、イエスをすぐには見分けられなかったということが福音書の記述に繰り返されていることに触れ、これが歴史上、実際に起こったことの回想であることを示しているといいます。つまり、人により時間差はあるものの、福音書は啓示を通じてイエスの復活が弟子をはじめ、人々に伝えられていく様を伝えているというのです。

イエスの復活を私なりに考えますに、当時と今とでは表現や考え方に違いがあることは否定できません。しかし、復活が必ずしもすべての人々に一様に現れたものでなく、一人一人に啓示を通して、イエスであることに気づかされた。四福音書がそのことを回想として記しており、その意味では福音書の書き方に違いがあったとしても、イエスの復活の始終を冷静に伝えている、といえるのではないでしょうか。

確かに復活のキリストをそうと認めることは決してたやすいことではなく、イエスと気づかないで共に歩く人がいたり、あるいは目が遮られたと思った人、幽霊を見ていると思った人など、実にさまざまに描かれているのです。イエスに近しい人々の間でさえトマスのように、復活を疑う人がいたことに触れていることにも驚きます。しかもそうした人が徐々に復活のイエスだと分かっていく流れをみますと、「復活は疑いうる性質のもの、すなわち信仰の次元のもので、物理的・生理的現象と同一視すべきではない。しかし信ずるものには鮮やかで確かな姿のイエスが示され、自らが新しく生きるという物理的・生理的事実を体験しうる」と指摘した前田護郎先生のコメントが想い起こされます。

イエスの復活の意味は、その短い生涯にみられます。イエスはガリラヤを中心に福音を述べ伝え、苦しむ人々を癒し、当時、差別されていた罪びとを慰め、人に仕えられることを望まず、人に仕えることを実践され、十字架の道を歩まれました。しかし、イエスを見捨てた弟子たちにも、ガリラヤの婦人たちを介してイエスの復活が伝えられたのです。それは救いの枠から外れた人々の救いでもありました。「驚くことはない」、この言葉は、むしろこれが驚かずにいられようかとの反語として受けとめうる言葉ではないでしょうか。

声かけ

神は柴の間から声をかけられ、
「モーセよ、モーセよ」と言われた。
（出エジプト三の４）

介護施設を訪問したときのことです。あるご利用者に、「こんにちは」と声をかけますと、自分では小声のつもりでしたが、その方は驚いた様子で身体をピクッとされました。実は、うっかり、斜め後ろから声をかけてしまったのです。認知症の方や高齢者の方は、えてして視野が狭くなりがちで、声をかけるときは正面から、目線を合わせ、顔を見ながら話すようにと教わっていたのですが、迂闊《うかつ》でした。

声かけは日常的な行為で、聖書にもよく出てきます。たとえば、出エジプト記三章４節には、「神は柴の間から声をかけられた」とありますし、その後もモーセに対し、声かけが繰り返されていたことが記されています。

私は「声かけ」に関して、聖書の二つの場面を思い浮かべます。一つはルカ福音書に出てくるよきサマリア人の話です（ルカ一〇の25〜37）。

ある人が強盗に襲われ、道端に捨てられた際に、祭司やレビ人といった、当時、ユダヤ社会で高い地位にある人が見て見ぬふりをし、道の向こう側を通って行ってしまった。しかし、その後、ユダヤ人の宿敵であるサマリア人がやってきて、あわれに思い、傷の手当てをして近くの宿に連れて行き、宿代を自分から申し出て払う。こういうたとえを話したうえで、イエスはこの三人のうち、誰が強盗にあった人の隣びとだったと思うか、と尋ねました。

マーチン・ルーサー・キング牧師は、「祭司とレビ人が最初に思ったのは、『もし立ちどまってこの人を助けたら、私の身の上に何が起きるだろう』ということだったろう。ところがそのあと通りかかったサマリア人は、『もし私がこのまま行って助けなかったら、この人はどうなるのだろう』と発想を逆転したのだった」と述べています。これは「今、恵みのうちに」（本書一〇〇ページ）でも触れた「私は山頂に登ってきた」という演説の中の言葉で、キング牧師はこの演説の翌日に暗殺され、図らずも最後の演説となりました。サマリア人の声かけは、まさに隣人とは誰かとの問いかけだったのです。

「声かけ」でもう一つ印象的な場面は、ダマスコへの途上でのパウロに対するイエスの声かけの場面です。パウロは生粋のユダヤ人で、元はといえばキリスト教を迫害していたパリサイ派の実力者でした。そのパウロがキリスト教徒を迫害するさなか、ダマスコへの途上で地に倒れ、意識がもうろうとするなかで、「なぜ、わたしを迫害するのか」という声を聞きます。パウロが、あなたはどなたですかと尋ねると、「わたしは、あなたが迫害しているイエスである。起き上がれ。自分の足で立て」との声が聞こえたのです（使徒二六の15以下）。パウロにとっては迫害していた相手からの声かけでした。

「声かけ」は聖書にたびたびみられます。詩編にはことのほか多くみられます。たとえば詩編一三〇編2節に「主よ、この声を聞き取ってください。嘆き祈るわたしの声に耳を傾けてください」とありますし、また、詩編一四三編1節には「主よ、わたしの祈りをお聞きください。嘆き祈る声に耳を傾けてください」とあります。詩編は全体が神への声かけから構成されている、と言ってもいいほどです。しかも、詩編における声かけの特徴は、人間が神に対して呼びかけをすることにみられると思います。一人の罪びとが神を相手に声を発する。人に対してではなく、神を相手に声かけをする。そこに祈りの基本があるようにも思います。
詩篇一九篇12～13節には、文語訳聖書で
「たれかおのれの過失《あやまち》をしりえんや　ねがはくは我をかくれたる愆《とが》より解放《ときはな》ちたまへ
願《ねが》くはなんぢの僕《しもべ》をひきとめて故意《ことさら》なる罪ををかさしめずそれをわが主《しゅ》たらしめ給ふなかれ」
とありますが、これこそ人間の神への声かけであり、祈りであると思いました。（なお、新共同訳では詩編一九編13～14節）

遠く離れて立つ

わたしはただ近くにいる神なのか、と主は言われる。
わたしは遠くからの神ではないのか。
（エレミヤ二三の23）

聖書に「遠く離れて立つ」という表現がいくつかみられます。
ルカ福音書一八章にはイエスが自ら正しいと思っている人々に対して語ったたとえ話があります（一八の9〜14）。神殿に祈りに行った二人のうち、ファリサイ人は、神に向かって、私は盗みや不正、姦淫をしていません、週に二度は断食し、一割の税金を納めていますと誇らしげに祈ったのですが、一方、取税人は、遠く離れて立ち、目を天に向けようともせず、ただ胸を打って「神様、罪人《つみびと》のわたしを憐れんでください」と言ったとあります。ここに「遠くに立つ」という言葉が出てきます。ファリサイ人には祈ったとありますが、取税人には祈ったとは書かれておらず、言ったとしかありません。

マタイ福音書二七章にも出てきます。イエスが十字架上で処刑される場面ですが、イエスの十字架の左右には、二人の強盗が張りつけられ、「神の子なら、自分を救ってみろ。そして十字架から降りて来い」とののしる通りがかりの人々がおり、また、大祭司らも律法学者や長老とともにあざけったとあります。そうしたなか、イエスを遠巻きに見守っていたのは、イエスの知人とガリラヤからついてきた婦人たちでした。

私は、イエスが十字架にかけられたとき、ガリラヤからついてきた女たちが遠くに立って見守っていたことに注目し、マシュー・ヘンリの『マタイ福音書9 マシュー・ヘンリ注解書』(すぐ書房)を学び直してみました。非国教徒の牧師だったマシュー・ヘンリは、最高の学問的成果を駆使しつつ、平易な言葉で聖書を語る聖書注解者として知られています。そして、この注解書は新井明さんが二十数年にわたり関わってきた訳業で、マタイ福音書だけで九巻からなる大作です。

そこには、ガリラヤからついてきた女性たちへの冷静なまなざしを感じとることができるように思います。女性たちは次のように描かれています。

「かれ〔イエス〕の死を見届けるために、かれの友らはじっと眺めるだけであった。」

「友とはだれのことであったか。『ガリラヤからついて来たたくさんの女たち』とある。かれの使徒たちはそのときそこにいなかった。」

「注意すべきは、弱い女性たちの信仰が、神のみ恵みによって、キリストの強さが弱さにおいて完成し、強くなるということである。」

「かの女らは『遠く離れて』立っていた。離れていたのは、怖かったからなのか、敵の怒りがあったからなのか、それはよくわからない。」

「しかし、相手が苦しんでいるときには、その最良の友も近づけないことがある。」

「女たちは……そこでキリストのことをこころにかけ、親切を尽くしていた。かれにたいする愛の務めを、あらゆることが禁じられていたとき、唯一できることとしてかれに愛のまなざしを向けつづけたのであった。」

「かれ〔イエス〕がかく苦しむのを見て、かの女らはどんなに引き裂かれる思いをしていたか、どんなにとどめなく涙を流していたか、想像されよう。」

「それはただ見ることでしかなかった。見つめるだけでかれ〔イエス〕を助けることはできなかった。まことにキリストが苦難のさなかにあるとき、かれ〔イエス〕の最上の友もただの目撃者、傍観者でしかなかった。」

私はあらためて思いました。神様、近くにいてください、これは私の偽らざる気持ちですが、逆に自ら神に近づくことは裁きを伴うとも言われています。先ほどのファリサイ人と取税人のたとえ話で申しますと、おそらくあのファリサイ人には遠く離れて立たざるをえない取税人の祈りともいえない叫びを理解することはできなかったのではないでしょうか。また、ガリラヤからきた婦人たちは、遠くからイエスを見守っていたとありますが、祭司長や律法学者や長老たちに加え、通りかかった人々までもが「神の子なら、自分を救ってみろ。十字架から降りて来い」といったあざけりの声が行き交うなかで、婦人たちにはそうしかできなかったのではないでしょうか。そうしたなかでイエスは十字架の死を迎えたのです。

エレミヤ書二三章23節には、「わたしはただ近くにいる神なのか、と主は言われる。わたしは遠くからの神ではないのか」とあります。この聖句は私には大きな慰めとなり、遠く離れて立つことの大切さを教えられました。

新しい時

時は満ち、神の国は近づいた。
悔い改めて福音を信じなさい。
（マルコ一の15）

マルコ福音書一章冒頭は「神の子イエス・キリストの福音の初め」との言葉で始まり、続いてイエスが洗礼を受ける記事が出てきます。マルコの書きぶりからして、イエスが登場し、洗礼者ヨハネから洗礼を受けることが、旧約から新約へという新しい時代の幕開けであると受けとめていい内容です。

イエスが洗礼者ヨハネから水の洗礼を受けたことにはいろいろな見方があるでしょうが、イエスが伝道のスタートを切るにあたり、まず、洗礼者ヨハネから洗礼を受けることを重視したということに、私は思いをめぐらしました。イエスが洗礼を受けたのは、旧約聖書の精神に価値を認めていたからではなかったか、イエスは受洗をもって旧約の律法を成就する使命を自覚されたのではなかったかなどと考えさせられました。

洗礼者ヨハネの活動はラクダの毛をまとい、腰に毛皮の小袴《こばかま》をし、イナゴと野蜜を食するといった荒野での禁欲的な伝道だったようです。また、洗礼者ヨハネは旧約の象徴的な人物ですが、「私より偉い方がのちに来られる、私はかがんでその靴のひもを解くにも値しない」と語り、「私はあなた方を水で洗礼したが、その方はあなた方を聖霊で洗礼しよう」と言うほどにイエスの登場を待ち焦がれた人物でもありました。こうしたこともあり、私はイエスが水の洗礼を受けたことに、旧約から新約の時代への「新しい時」というものを感じます。

また、イエスは、受洗後、「時は満ち、神の国は近づいた」（マルコ一の15）と言って、福音を説き始めたとあります。私はこの「時が満ちた」という言葉に着目しました。「時」という言葉はギリシャ語に二つの表現があり、一つはクロノスで、もう一つはカイロスです。クロノスは、一年が三六五日といった日数など、時計で計れる定量的な時間を意味し、カイロスは人間の主観的、内面的な時間を意味します。

先ほどのマルコ福音書一章の「時は満ち」の「時」はカイロスで、イエスが時は満ちたと言って福音のスタートを切ったのは、内面的な時間、まさに普通では得がたい時ではなかったでしょうか。イエスのこの世の歩みをみますと、正確な活動期間については定説に至っていないようですが、洗礼を受けたのは三〇歳前後のようです。してみますと、イエスが洗礼を受け、活動された期間をクロノスでいうと、短くて二年、長くても三年あまりの活動にすぎないとみられます。つまり、イエスが洗礼を受け、活動を開始してから十字架につき復活されるまでの期間は、わずか二年か三年にすぎなかったのです。

私はこのあまりにも短い期間に驚きを覚えます。弟子を育て、貧しく弱い人々に語りかけ、病の人を癒し、他方、ファリサイ人や学者らと問答するなどの出来事が、たった二、三年の間に行われたのです。クロノスとしてはわずか二、三年という、あっという間の短い期間でした。しかしカイロスとしてみるとどうでしょう。この期間は二千年を経た今もなお、一人一人の生涯にカイロスとしてのかけがえのない時を刻んでいるのではないでしょうか。

一方、福音書を学んでいますと、イエスが、まだ私の時は来ていません、と語る場面に遭遇します。イエスが福音伝道を開始してまもなくのことです。ヨハネ福音書二章4節の「カナの婚礼」や、ヨハネ福音書七章6節の「仮庵《かりいお》の祭り」にも出てきます。他方、そうしたイエスですが、過越の祭りでエルサレムに入られた際には、「父よ、時が来ました」と父なる神に祈ったことが記されております（ヨハネ福音書一七の1）。ここではいよいよイエスの十字架と復活が現実味を帯びてきていることを感じさせられます。

こうしてみますと、「時」については奥行きが深く、考えなければならないことがまだまだあるようです。「何事にも時があり、天の下の出来事にはすべて定められた時がある」（伝道の書三の1）。さらに「神はすべてを時宜にかなうように造り、また、永遠を思う心を人に与えられる。」（伝道の書三の11）。また、使徒言行録一章7節にはイエスが「時」と「期」は神の権威の中にあると言われたことが記されています。引き続きこれからも学んでいきたいと思っております。

足前数歩に光

あなたの御言葉《み》は、わたしの道の光
わたしの歩みを照らす灯。
（詩編一一九の105）

郷里の新潟へ帰省したときのことです。私は二日にわたって日本海に大きくかかる虹を見て感動を覚えました。郷里への帰省は両親の遠距離介護によるものです。介護の話になると人には言いにくい、心が折れそうになることもありますが、二日にわたる虹はそれこそ聖書にあるように、「話すことも、語ることもなく　声は聞こえなくても」（詩編一九の4）虹が姿を現したことで、見る者に希望と慰めを与えてくれるように思いました。たとえ今は苦しくとも、置かれた場所で自らの働きを続けよ、との声が聞こえてくるようでした。介護に追われる日々のなかで見た虹は、希望の光に思えました。そして、ふと、讃美歌二八八番の歌詞が頭に浮かびました。さらに、誰かは忘れてしまいましたが、「足前数歩に光」という言葉を思い出しました。

讃美歌二八八番は私の好きな讃美歌の一つです。一番は「たえなるみちしるべの　ひかりよ、家路もさだかならぬ　やみ夜に、さびしくさすらう身を　みちびきゆかせたまえ」とあり、四番は「しるべとなりたまいし　ひかりよ、今よりなおも野路《のじ》に山路に、闇夜のあけゆくまで、みちびきゆかせたまえ」（『讃美歌』日本基督教団出版局・讃美歌委員会）とあります。

この讃美歌が作曲されたのは一八六八年、ジョン・B・ダイクスというイギリスの作曲家によってです。彼はある日、霧のかかったロンドンのテムズ河畔を散歩していて、美しい虹を見ました。そのとき、『雲の柱』という詩が心に浮かんだジョン・B・ダイクスは直ちに楽想を練り、一気に作曲したそうです（『讃美歌略解』日本基督教団出版局・讃美歌委員会）。さすがは大作曲家、日本海にかかる虹を見て感動しただけの自分とはワケが違います。

一方、『雲の柱』という詩は、ジョン・H・ニューマンによって一八三三年に創られました。彼はイタリヤ旅行の途次、シチリア島で病気になってしまいます。この詩は、帰国の見通しもつかず、打ちひしがれた暗い現実のなかから、導きの光を求める祈りとして書かれたそうです。「めぐみ深い光よ、暗闇に迷っている私に、どうぞ行手をお示し下さい。夜はくらく、私は故郷を遠く離れております。どうぞ行手をお示し下さい。足もとをしっかりさせて下さい。遠い景色〔未来〕を見ることを願うのではありません、眼前一歩を踏み出すことができればたくさんです」（斎藤勇『讃美歌研究：歴史、代表作、注解』研究社）というものでした。

聖書は光を希望のしるしとしてとらえています。さきほどの讃美歌二八八番では、一番は「たえなる道しるべの光」ですし、四番は「しるべとなりたまいし光」と歌っています。また、月本昭男さんの訳によると、詩編一一九編105節は、「あなたの言葉はわが足の灯、わが行路を照らす光です」と訳され、苦難のなかから解放してほしいとの個人としての祈りの性格を持つとのことですが、さきほどの讃美歌二八八番の「野路に山路に」とも語調が合っている気がいたします。

当時、自分が置かれた状況をみますと、遠距離介護、老老介護、さらに両親と義母の三人をみる多重介護という厳しいさなかにあって、この先、どうしたらよいかといった予期不安が頭から離れませんでした。そんな折りに、偶然にも二日にわたって虹に出会い、虹の光に希望が湧いてきました。そして光ははるか遠くを照らす光でなくても、自分の足元を灯してくれる小さな光、すなわち「足前数歩に光」であり、「眼前一歩」を踏み出す光であってほしいと感じたのです。

聖書は光を希望のしるしととらえています。しかし、私たちは希望や光を見出しにくい時代を生きています。世界をみますと、テロや内戦、さらに飢餓、国内をみても自然災害やら、いまわしい事件・事故が絶えません。それこそ、「お前の神はどこにいる」（詩編四二の4）との声がいたる所から聞こえてくる時代を生きているのです。光ではなく闇、希望ではなく絶望、そう思いつつ生きていかざるをえない人々が何と多いことでしょうか。

「一寸先は闇」という言葉があります。確かに今日が安全だから明日も安全という保証はありません。しかし聖書はそうした時代であっても、「一寸先は闇」の対極に、「足前数歩に光」の希望を指し示してくれるのではないでしょうか。

振り子の対極

わたしにとって、生きるとはキリストであり、
死ぬことは利益なのです。
（フィリピ一の21）

私は若いころ、人と論じるとき、たとえば会議で自説を主張する場合などは、まず、振り子の対極を意識して、自分が主張したい意見の対極にどんな主張があるか整理をしてみるように、というアドバイスを受けました。将棋の加藤一二三さんは、対局中に相手の側に回り込んで盤面を眺めることから、「ひふみんアイ」といわれたそうですが、これも振り子の対極と似たことかもしれません。

そこで、聖書を振り子で考えてみました。まず思い浮かんだのはパウロの回心です。パウロはローマの市民権をもつ熱心なユダヤ教徒で、当初は、イエスを救い主とするキリス

ト教徒を迫害する人物でした。パウロは、人は律法を守ることによって救われると確信していた人物でした。しかし、ある時から主張を変えました。人が救われるのは律法の行いによるものではない、ピスティス、すなわち神のまことによって救われると主張し、これまでの主張を一八〇度転換したのです。パウロにとって、この転換は振り子の対極に立つものでした。

では、パウロを振り子の対極に立たせたものは、いったい何だったのでしょうか。私は、パウロがイエスの声に接した体験にあると思いました。パウロは生粋のユダヤ人でした。もとはといえば人はモーセの律法を守ることによって救われるという考えの持ち主で、それを受け入れないキリスト教徒を迫害していました。ところが迫害の途中ダマスコの街にさしかかったとき、地に倒れてしまいます。そして意識がもうろうとしていたなかで、「なぜ、わたしを迫害するのか」という思いもかけない声に接します。「あなたはどなたですか」とパウロが尋ねると、「わたしは、あなたが迫害しているイエスである」という声でした。この体験を経てパウロは、人の救いは律法によらず、信仰のみで救われるという教えに振り子が振れ、心の向きを変えたのです。いわゆる「パウロの回心」といわれるものです。パウロは回心後、イエスの福音をのべ伝え、「わたしにとって、生きるとはキリストであり、死ぬことは利益なのです」（フィリピ一の21）というほどに振り子が真逆に振れたのでした。

また、私はゲッセマネの園での祈りについても振り子で考えてみました。イエスはいよいよ十字架の死が迫ってくるなか、最後の食事を済ませ、ゲッセマネの園にでかけ、一人祈られたとあります。その祈りは「苦しみもだえ、いよいよ切に祈られた」（ルカ二二の44）と記されるほど、振り子の振れが大きいものでした。

イエスが最初に祈られたのは、「御心《みこころ》なら、この杯《さかずき》をわたしから取りのけてください」との祈り（第一の祈り）でした。しかし、続けて「わたしの願いではなく、御心のままに行ってください」と祈った（第二の祈り）とあります。この第一の祈りと第二の祈りを振り子にたとえると、第一の祈りは「この杯」すなわち十字架を避けることを願い、その対極には「杯を受ける」、すなわち御心のままにという第二の祈りがありました。この振り子の両極は相容れないものでした。イエスには一方の振り子の極では、杯を取り去ってほしいとの、人間イエスとしての願望が見られます。

しかし、もう一方の振り子の対極には、わが願いでなく、御心がなりますようにとの祈りがあったのです。

イエスという方は、十字架を前にして、迷うことなく、ただひたすら「御心のままに」と祈られたわけではありませんでした。むしろ杯が取り去られることを祈る方でもあったのです。私はそこに人間イエスを見る思いがしました。しかし、イエスは十字架を前にして、振り子は大きく振れましたが、最後はご自分の願いを超えたところで祈られたのです。

その祈りをされた救い主イエスについて、これからも学ばせていただきたいと思います。

昔からの道

さまざまな道に立って、眺めよ。昔からの道に問いかけてみよ。どれが幸いに至る道か、と。

（エレミヤ六の16）

人生にはいろいろな節目があり、分かれ道があります。右に行こうか、左にしようか迷うことがあります。旧約聖書の預言者エレミヤは、イスラエルの民が神に背き、孤独と苦難を経験するなかで、こう預言しています。「さまざまな道に立って、眺めよ。昔からの道に問いかけてみよ。どれが、幸いに至る道か、と。その道を歩み、魂に安らぎを得よ」（エレミヤ六の16）と。エレミヤはイスラエルの民に、さまざまな道に立って眺め、イスラエルの歴史を通して神の律法を守り、神に立ち帰ること、それが昔からの道であり、それに問いかけてみよと呼びかけているのです。ところが民はエレミヤの預言を聞こうとはせず、そこを歩むことはしないと言ったと記されております。

「さまざまな道」は口語訳聖書では「分かれ道」と訳されていますが、私は分かれ道と聞くと、前田護郎先生を思い出します。二つの道を前にして、どちらに行くべきか迷ったときには、自分に有利な道を選ぶのではなく、この世的にみて、むしろ不利だと思うほうを選びなさい。前田先生はこのことを一再ならず繰り返されました。

ふつうに考えて、不利と思える道が幸いに至る道であり、魂に安らぎを得る道だ、などとはなかなか言えるものではありません。『世界の名著・聖書』（中央公論社）の冒頭にある「聖書の思想と歴史」で、前田先生は「聖書との出会い」と題し、自らの信仰体験に触れています。そして「小さな回心」や「ヨーロッパへ」と題した小見出しの中の文章は、「さまざまな道」や「分かれ道」を強く意識させるものでした。私には先生ご自身の具体的な経験が、「分かれ道」では不利だと思うほうを選びなさい、と言わしめていると思えました。

エレミヤの預言にある「昔からの道」について私は、新井明さんが『前田護郎選集3 真理愛の拠点』（教文館）の解説で触れている二つのことが印象に残っています。一つは塚本虎二が信仰雑誌『聖書知識』一九五〇年一二月号の編輯《へんしゅう》後記に記した前田先生に対する感想です。

「今日は十三年ぶりの長い留学から昨夜帰国の前田護郎君と語って嬉しかった。留学中に片手で数えられないほどのご不幸がその家にあったが、その犠牲は君をして日本キリスト教の為に、欧米で未だ曾《かつ》て日本クリスチャンの何人《なんぴと》によってもなされなかった輝かしい業績をあげさせた。」

塚本はこう評して前田先生の帰国を喜ばれ、さらに「新しい学問が旧《ふる》い単純な信仰を包んでいる」と記しています。私はこの「旧い単純な信仰」が、「昔からの道」に通じると思いました。

さらに二つ目ですが、新井明さんは同じ解説の中で、「古典の継承」という問題を浮き彫りにしています。「古典の継承」の問題は、前田先生が生涯を通して主張し続けた課題であったとし、「聖書研究者としての前田の基本的な態度は、まさに、『古典の真の継承』を目指したものと言いうるであろう」と評しています。前田先生が「旧い単純な信仰」と並んで「古典の真の継承」を目指したということは、私にはエレミヤ書の「昔からの道に問いかける」ということと重なって映るのです。

預言者エレミヤはイスラエルの民に向かって、さまざまな道に立って、昔からの道に問いかけてみよ、と呼びかけています。私は「昔からの道」という聖句から、イエスが歩まれた「道」に思いを馳せました。イエスはガリラヤ伝道を始めるにあたって、「わたしが来たのは律法や預言者を廃止するためだ、と思ってはならない。廃止するためではなく、完成するためである」（マタイ五の17）と語っています。イエスが歩まれた道というのは、決して新しい道ではなく、昔からの道、古い道です。それこそ「古い単純な信仰」に生きる道だったのです。

自分の足で立て

起き上がれ。自分の足で立て。
（使徒二六の16）

「自分の足で立て」という言葉は、イエスが地に倒れたパウロに呼びかけた言葉です。生粋のユダヤ教徒だったパウロは当初、キリスト教に対し「こんな教えは異端でゆるしておけない邪教である」と攻撃して、エルサレムにとどまらず、国外まで出かけてはキリスト教徒を迫害しつづけた人物でした。そのさなか、ダマスコという街にさしかかろうとしていたとき、疲れもあったのでしょう、また、迫害する側にも怖れがあったのでしょう、ついにパウロは地に倒れてしまいます。

そのときパウロは、「なぜわたしを迫害するのか」という声を聞きました。そこでパウロが「あなたはどなたですか」と問いかけると、「わたしはあなたが迫害するイエスだ」

との声がし、その直後に「起き上がれ。自分の足で立て」という声が聞こえたというのです。

これは「パウロの回心」といわれますが、この記事は、使徒言行録に三回出てきます。九章と二二章と二六章です。同じことが三回も繰り返されるのは、その出来事がよほど重要な意味をもっているからにほかなりません。

私はここを何度か読むうちに、「待てよ、自分の足で立てというのは、単に倒れた者に向かって物理的に立てという言葉とは少し違うのではないか」と思いはじめました。

そう思って聖書を読むと、こんなことに気づきました。

聖書には「立つ」という言葉が何回も出てきます。使徒言行録一四章には生まれつき足の不自由な男の話が出てまいります。これまで一度も歩いたことのない男が、パウロの話を聞いていると、パウロはその男に信仰があることを認め、「自分の足でまっすぐに立ちなさい」（10節）と大声で言ったとあります。

さぞ大きな声だったことでしょう。パウロの全身全霊の叫びではなかったでしょうか。

なぜならパウロが叫んだ言葉は、かつてパウロ自身が耳にした言葉だったからです。それはパウロがイエスを迫害する途上で地に倒れた際、イエスが呼びかけた言葉にほかなりません。そのパウロが今度は生まれつき足の不自由な男に、「自分の足で立て」と言ったのですから、パウロの気持ちたるや、いかばかりだったかと思います。

こうしてイエスとパウロ、さらにパウロと足の不自由な男との出来事を重ね合わせますと、いったん自分が受けた恵みを、次に自分が他人《ひと》と分かち合うという、いわば「恵みの循環」とでもいうべきことが起きたのではないでしょうか。

自分の足で立つ、略して「自立」は人間の成長にとって重要なテーマの一つです。しかし、自立というと、えてして自力救済的に映りがちです。はたしてここでもそうでしょうか。

先ほどのダマスコの街への途上で倒れたパウロも、また、生まれつき足の不自由な男も、「自分の足で立て」と叫ばれるのですが、倒れたパウロには自ら立ち上がる力はなかったはずですし、足の不自由な男は一度も歩いたことがなかったのですから、立ち上がること自体、不可能のはずでした。しかし、そうしたなかで発せられた言葉は、置かれた状況とは真逆の言葉だったのです。

それゆえ私にはこの「自分の足で立て」という言葉が、自分の意志や判断で、という意味には受けとれず、むしろ、自分の意志や判断がきかないなかで、一方的に示された天からの声として受けとめられたのではないかと思うのです。


旧約聖書の出エジプト記には、モーセがホレブの山で、主なる神から召命を受ける記事があります。モーセが燃え尽きない柴を見て不思議に思い、近づいて行くと、神は声をかけてきます。「ここに近づいてはならない。足から履物を脱ぎなさい。あなたの立っている場所は聖なる土地だから」（出エジプト三の5）と。立つということは、畏れ多いことではないでしょうか。

「自分の足で立て」という神の側からの呼びかけと、「立たせていただきたい」という人間の祈りが相呼応して初めて、パウロや足の不自由な男のような出来事に通じるのではないかと思うのです。

おわりに

こうしてまとめてみますと、それぞれにさらに深掘りしたくなるテーマ性があるように思います。しかし、著者の力不足もあり、内容が薄っぺらなことも事実です。ただ一つ言えることは、著者の言葉が稚拙でも、聖句のもつ力はびくともしないことです。

これまで私は折りにふれ、聖句に慰められ、力を与えられ、聖書によって支えられてきた感謝は尽きません。

そうしたなかで、二〇二一年夏、突然、病いを授かりました。医師からはパーキンソン病という脳神経障害と診断されました。私にとって思いもかけない病名、しかも原因不明の難病とのこと。突然の医師の告知を直ちに受け入れるほど、人間ができてはおりませんでした。人づてに聞く患者の寝たきりの姿が自分のこれからの姿と重なり、ああ、俺もあのようになるのかと思うと心が折れそうになりました。なんで俺が？　どうしてこんな目に！　心は千々に揺れるばかりでした。

また、医師からの宣告を受けた当時、頭をよぎったのは特別養護老人ホームに入所していた母の姿でした。どんなことがあっても母より先には逝けないとの思いが頭をめぐる日々が続きました。その母も同年秋に亡くなりました。九六歳でした。

その後、私は、しばらくは外出もままならず、床に臥す日が流れていきました。そうした折り、ふと頭に浮かんだことは、そうだ、俺にはこれまで経堂聖書会で学び、語ってきた生活感話が残っているではないか。できればそれを残しておきたいと思いました。

この思いをかつてNTT出版でご一緒した、畏友、齋藤博さんに伝えたところ、齋藤さんは二つ返事で編集業務をボランティアでお引き受けしましょう、と申し出てくださいました。当初は書籍にすることなど考えておらず、文章表現は不統一、文章もマチマチで首尾一貫せず、くわえて聖書の訳も新共同訳聖書をはじめ、文語訳聖書や個人訳聖書があり、バラバラでした。齋藤さんは細かい点までひとつひとつ整えてくださいました。そのうえ、齋藤さんのご指摘や疑問は厳しいもので、あらためて聖書を学び直す良い機会となりました。齋藤さんなくして本書が日の目を見ることはなかったでしょう。

さらに出版にあたっては、親しい友人からヨベルを紹介され、安田正人社長の幅広い経験に基づくご支援をいただきました。スタッフの方にもお世話になりました。ありがとうございました。

また、月本昭男先生にはお忙しいなか、本書推薦のお言葉をいただきました。私にとりまして望外の喜びで、感謝に堪えません。

今日という日は残された人生の第一日である、ともいわれます。

初心にかえって聖書に目を向け、聖句を学び直していきたいと思います。

高松　均

二〇二四年八月

高松　均（たかまつ・ひとし）

1948 年　新潟県に生まれる
1971 年　中央大学法学部卒業、
1971 年　日本電信電話公社に入社
1985 年　日本電信電話（株）現 NTT に移籍
　　　　主にサービス開発、マーケティング、人材育成等
2009 年　NTT 出版株式会社を最後に退職
この間　1967~1980 年　世田谷聖書会日曜聖書講義に参加
　　　　1980 年～　　　経堂聖書会日曜聖書講義に参加

しずけき祈りのなかで――病いを授かって

2024 年 9 月 20 日 初版発行

著　者―― 高松　均

発行者―― 安田正人

発売所―― 株式会社 ヨベル　YOBEL, Inc.
〒 113-0033 東京都文京区本郷 4-1-1　菊花ビル 5F
TEL03-3818-4851　FAX03-3818-4858
e-mail : info@yobel.co.jp

印刷―― 中央精版印刷株式会社

装丁―― ロゴスデザイン：長尾優

配給元―日本キリスト教書販売株式会社（日キ販）
〒 162 - 0814　東京都文京区関口 1-44-1　宗屋関口ビル
振替 00130-3-60976　Tel 03-3260-5670

ISBN978-4-911054-37 -6 C0016

JASRAC　許諾番号　2406073-401
聖書は聖書 新共同訳（日本聖書協会）などを使用しています。